Meditaciones
Marco Aurelio

Diario de un emperador

Autor Original: Marco Aurelio
Traductor y Editor: Lord Kaizen

Lord Kaizen

Lord Kaizen

Extra Gratis, de Regalo

De regalo te dejo un **PDF con los 5 mejores ejercicios estoicos** que puedes empezar a aplicar desde ya. Para descargarlos escanea el QR.

Lordkaizen.com/ejercicios-meditaciones

Dentro encontrarás:

- Un recordatorio brutalmente honesto que cambiará tu forma de ver la vida y te hará aprovechar cada momento al máximo *(Ejercicio 1)*.
- Una técnica mental para blindarte contra el miedo, la ansiedad y la incertidumbre *(Ejercicio 2)*.
- Un método estoico para enfrentarte a cualquier problema sin dramas, quejas ni victimismo *(Ejercicio 3)*.
- Un hábito simple pero poderoso que multiplicará tu claridad mental y tu capacidad de acción en la vida diaria *(Ejercicio 4)*.
- Cómo desarrollar un nivel de autocontrol que te haga imparable frente a cualquier tentación o debilidad *(Ejercicio 5)*.

No son teorías. No son frases bonitas. Son ejercicios prácticos que los estoicos usaban hace siglos para templar su carácter, fortalecer su mente y vivir sin miedo, ahora son tuyos.

Contenidos

Cómo leer este Libro

Este no es un libro cualquiera. No es una historia con principio y final, ni un manual con instrucciones paso a paso. Es el diario personal de un emperador.

Por eso, si lo lees como cualquier otro libro, no vas a sacarle todo el valor que tiene. Así que para ayudarte a sacarle el máximo provecho, aquí van algunas claves.

No lo leas como una historia, sino como un diario personal

Marco Aurelio escribía para sí mismo, no para enseñar a otros. No esperes una estructura clara ni capítulos conectados. Son pensamientos sueltos que reflejan sus preocupaciones, dudas y aprendizajes, a veces repetidos. Léelo con esa idea en mente.

No intentes leerlo todo de una

No es una novela ni un tratado filosófico. Cada fragmento es independiente y puedes leerlo en cualquier orden. Puedes incluso abrir el libro al azar y leer un pasaje. Muchas veces, lo que encuentres será justo lo que necesitas en ese momento.

Léelo en pequeñas dosis

No es un libro para devorar en un fin de semana. Un par de páginas al día son suficientes. Lo importante no es terminarlo rápido, sino dejar que cada idea se asiente y tenga impacto en tu forma de pensar.

Reflexiona sobre lo que lees

Cada vez que leas un fragmento, pregúntate:

- ¿Cómo puedo aplicar esto en mi vida?
- ¿En qué situaciones me serviría recordar esta idea?
- ¿Estoy actuando de acuerdo con este principio?

Este libro no se trata solo de entender ideas, sino de usarlas para mejorar.

Anota lo que más te llame la atención

Subraya frases, escribe en los márgenes o lleva un cuaderno con tus pensamientos. Lo que resuena contigo hoy puede ser diferente en el futuro. Tomar notas te ayuda a recordar lo que más te impacta.

Léelo cuando enfrentes dificultades

Este libro es especialmente útil en momentos de estrés, ansiedad o incertidumbre. Marco Aurelio habla sobre el control de las emociones, la aceptación de lo que no podemos cambiar y la importancia de hacer lo correcto sin quejarse.

No te preocupes por entenderlo todo

Algunos pasajes pueden parecer confusos o repetitivos. No pasa nada. Quédate con lo que entiendas y sigue adelante. Con el tiempo, lo que hoy no tiene sentido puede volverse claro.

Resúmenes, biografía y anotaciones

Al final de cada libro encontrarás unos breves comentarios donde resumimos las ideas principales y te ayudamos a entender mejor lo que acabas de leer. La idea es hacerte el camino más fácil, pero si prefieres extraer las lecciones por tu cuenta, puedes saltártelos sin problema. Tú decides cómo quieres abordar la lectura.

Además, en las primeras páginas hay una breve biografía de Marco Aurelio. No es indispensable para entender el libro, pero puede darte contexto sobre su vida y mostrarte cómo su filosofía no fue solo teoría, sino algo que aplicó hasta el extremo en cada aspecto de su existencia.

Y finalmente. A lo largo del libro verás algunos superíndices. Son anotaciones que te darán contexto sobre ciertos términos, personajes o conceptos. Si en algún momento tienes curiosidad, al final del libro encontrarás las explicaciones. Si no, sigue leyendo sin más.

Lee la conclusión y revisa el sumario

Es importante la conclusión, ahí encontrarás lo esencial de *Meditaciones*, y el cómo aplicarlo en tu vida. Porque leer está bien, pero si no lo usas, es solo información muerta.

Y al final tienes un sumario con las ideas clave, para recordar lo importante sin tener que releer todo el libro.

Si sigues estas recomendaciones, "Meditaciones" no será solo un libro más, sino una herramienta para pensar mejor y actuar con más claridad.

Introducción

Imagínate un emperador que, en lugar de dejarse llevar por el poder y el lujo, pasaba las noches escribiendo sobre cómo ser una mejor persona. Un gobernante que, en medio de guerras, traiciones y enfermedades, intentaba mantenerse firme en la idea de que lo más importante era la virtud, la justicia y el autocontrol. Ese fue Marco Aurelio.

Fue emperador de Roma en una época complicada, cuando el Imperio estaba rodeado de enemigos y golpeado por crisis internas. Aun así, intentó gobernar con sabiduría y justicia, poniendo en práctica las enseñanzas del estoicismo, una filosofía que defiende la calma, la lógica y el control de las emociones. Su legado no es solo el de un líder fuerte, sino el de un pensador profundo.

Su libro Meditaciones no estaba pensado para publicarse; eran apuntes personales, una especie de diario donde se daba consejos a sí mismo. Y, sin embargo, hoy es una de las obras filosóficas más influyentes de la historia. Sus reflexiones siguen ayudando a la gente a enfrentar la vida con más serenidad, más claridad y menos quejas.

Esta es la obra e historia de Marco Aurelio: un emperador que no solo gobernó Roma, sino que intentó gobernarse a sí mismo.

Biografía

Orígenes y Juventud

Marco Aurelio nació el 26 de abril del año 121 d.C. en Roma, en el seno de una familia noble y prestigiosa. Su nombre original era Marco Annio Vero, pero la historia lo recordaría con otro. Su linaje no era cualquier cosa: su familia decía descender de Numa Pompilio, el segundo rey de Roma, un monarca famoso por su sabiduría y devoción religiosa. Si eso era cierto o no, da igual, porque lo que importa es que desde su nacimiento ya estaba destinado a ser alguien importante.

Su padre, Annio Vero, era un senador y cónsul, un hombre con poder y respeto en la sociedad romana, pero murió cuando Marco era apenas un niño. La tragedia se repitió con su madre, Domitia Lucilla, quien también falleció joven. A pesar de esto, Marco creció rodeado de afecto y bajo la tutela de su abuelo, Annio Vero el mayor, quien había sido cónsul tres veces. Entre los dos hubo un vínculo muy fuerte. De él, Marco aprendería la importancia de la templanza, la paciencia y la humildad, valores que marcarían su vida entera.

Desde niño, Marco Aurelio mostró un carácter serio y reflexivo. No era el típico niño que corría sin preocupaciones, sino alguien que ya de pequeño pensaba mucho en cómo vivir bien. El emperador Adriano, que gobernaba en ese momento, se fijó en él y pronto le puso un apodo que lo definiría: "Verissimus"[1], que significa "el más veraz". Le vio una cualidad que pocos tenían en el mundo político de Roma: honestidad y sinceridad.

Su educación fue excepcional. Recibió enseñanzas de los mejores maestros en oratoria, derecho y filosofía, pero lo que de verdad le atrapó fue el estoicismo. El estoicismo es una filosofía que enseña a vivir con virtud, a no dejarse llevar por las emociones y a aceptar el destino con calma y dignidad. Para Marco, esto no era solo teoría: se lo tomó en serio desde joven. Se vestía de forma sencilla, dormía en el suelo y evitaba todo lujo innecesario. Mientras otros jóvenes de su edad disfrutaban de las fiestas y los espectáculos del circo, él se mantenía al margen, centrado en su formación y en entender cómo vivir de la mejor manera posible.

A los ocho años, Adriano lo nombró parte del colegio de los Salios, un antiguo grupo de sacerdotes dedicado al dios Marte. Aunque era más un honor simbólico, ya indicaba que su destino estaba marcado para la grandeza. Su disciplina y autodominio eran tan evidentes que impresionaban a todos los que le rodeaban.

Además de su formación intelectual, también se preparó físicamente. Su salud no era la mejor, era un niño más bien débil, pero se esforzó por fortalecerse. Practicó la lucha, la caza y otros ejercicios físicos para templar su cuerpo tanto como su mente. Se dice que incluso participó en cacerías de jabalíes, mostrando un coraje que contrastaba con su apariencia frágil.

Cuando Adriano empezó a envejecer, buscó un sucesor y, aunque pensó en Marco, decidió que era demasiado joven. En su lugar, adoptó a Antonino Pío, con la condición de que este a su vez adoptara a Marco Aurelio y a Lucio Vero, otro joven de la nobleza romana. Fue entonces cuando Marco cambió su nombre a Marco Aurelio Antonino y quedó oficialmente en la línea de sucesión al trono[2].

Para sellar su futuro, Antonino Pío lo comprometió con su hija, Faustina la Menor. Así, con apenas dieciséis años, Marco ya tenía asegurado su camino hacia el poder. A partir de entonces, comenzó a asumir más responsabilidades públicas y a aprender directamente del hombre que, por muchos años, sería su modelo de gobierno: Antonino Pío.

Con esta formación y su firme compromiso con los valores estoicos, Marco Aurelio estaba destinado a ser un tipo distinto de emperador. No solo sería un gobernante, sino también un filósofo en el trono, alguien que pondría a prueba sus principios en la vida real y en las circunstancias más difíciles. Pero eso es algo que veremos más adelante.

Ascenso al poder

Marco Aurelio no llegó al trono por la fuerza de las armas ni por intrigas palaciegas, sino por un camino bastante habitual en la historia de Roma: la adopción y la sucesión planificada. Su ascenso no fue fruto del azar ni de la ambición desmedida, sino de un cuidadoso entramado de decisiones que lo prepararon para ser emperador desde joven, tal y como hemos visto en sus años de infancia.

Durante los años bajo la tutela de Antonino Pío, Marco fue adquiriendo experiencia en el gobierno. Fue cónsul en dos ocasiones y ocupó distintos cargos administrativos que lo fueron preparando para la enorme responsabilidad que tendría más adelante. Pero su verdadera formación no estaba en la política convencional, sino en la filosofía estoica que llevaba grabada en el alma. Mientras otros emperadores pasaban su juventud en el desenfreno y el lujo, Marco estudiaba con los mejores maestros de la época, se imponía una vida sencilla y reflexionaba sobre la importancia del deber y la virtud. No era un político calculador ni un militar sediento de gloria, sino un hombre que concebía el poder como un servicio, una carga que debía llevarse con responsabilidad y justicia.

En el año 161 d.C., tras la muerte de Antonino Pío, llegó el momento de asumir el trono. Pero en lugar de gobernar solo, Marco Aurelio hizo algo inusual: insistió en compartir el poder con su "hermano adoptivo", Lucio Vero, respetando la voluntad de su padre adoptivo. Roma nunca había tenido dos emperadores al mismo tiempo, y aunque la idea podía parecer noble, en la práctica resultó ser un desafío. Mientras Marco se tomaba el gobierno como una misión casi sagrada, Lucio tenía una personalidad mucho más relajada, entregada a los placeres de la vida. Aun así, Marco nunca se mostró celoso ni impaciente con su compañero de gobierno. Al contrario, lo protegió y le permitió mantener un rol destacado en los asuntos del imperio.

Gobierno y desafíos

Cuando Marco Aurelio se convirtió en emperador, no tuvo un solo momento de tranquilidad. Gobernar el Imperio Romano no era tarea fácil, su reinado estuvo marcado por conflictos constantes, tanto internos como externos. Sin embargo, lo más impresionante de Marco Aurelio no fue solo su capacidad para enfrentar estos problemas, sino la actitud con la que lo hizo: siempre con serenidad, disciplina y un sentido inquebrantable del deber.

La estabilidad del imperio se vio amenazada casi inmediatamente. En el este, el rey Vologeses III de Partia lanzó una ofensiva contra los romanos en Armenia y Siria. Lucio Vero fue enviado a supervisar la campaña, pero en realidad dejó la guerra en manos de sus generales y se dedicó a disfrutar de la vida en Antioquía. Afortunadamente, sus comandantes lograron contener la amenaza y, tras varios años de lucha, los romanos recuperaron el control de la región.

Pero la victoria en el este trajo consigo un enemigo invisible: la peste antonina. Las legiones de Vero trajeron de regreso a Roma una enfermedad devastadora, probablemente viruela o sarampión, que se extendió por todo el imperio y causó estragos en la población. Fue un golpe durísimo para Roma, tanto en términos de vidas humanas como en la economía y el ejército. En medio de esta crisis, en el año 169, Lucio Vero murió repentinamente, dejando a Marco Aurelio como único emperador.

Por si no fuera suficiente con la peste, otro conflicto estalló en las fronteras del norte. Los pueblos germánicos, especialmente los marcomanos, los cuados y los sármatas, comenzaron a atacar los límites del imperio. Estos no eran enemigos cualesquiera: eran tribus aguerridas y organizadas, que ponían a prueba la resistencia del ejército romano. Marco no tuvo más remedio que ponerse la armadura y dirigir personalmente las campañas militares.

A pesar de su naturaleza filosófica, Marco Aurelio no dudó en liderar a sus tropas. Pasó gran parte de su reinado en las fronteras, viviendo en campamentos militares y soportando las mismas dificultades que sus soldados. Era un comandante justo, pero implacable. Su objetivo no era solo derrotar a los invasores, sino establecer una paz duradera.

Durante estos años de guerra, sucedió un episodio curioso y legendario: la historia de la "Legión Fulminante". En una batalla contra los cuados, el ejército romano estaba en una situación desesperada, sin agua y rodeado por el enemigo. De repente, una tormenta inesperada estalló sobre el campo de batalla, proporcionando agua a los soldados romanos y desatando rayos sobre sus enemigos. Muchos interpretaron esto como un milagro, y más tarde se dijo que la tormenta fue resultado de las oraciones de una legión cristiana dentro del ejército. Sea como sea, la victoria reforzó la autoridad de Marco Aurelio y permitió a Roma continuar la lucha.

Mientras Marco Aurelio estaba en el frente de batalla, en Roma las cosas tampoco estaban tranquilas. En el año 175, Avidio Casio, un general de confianza del emperador, se rebeló en Egipto tras recibir un falso rumor de que Marco había muerto. Casio se proclamó emperador, pero su revuelta no duró mucho. Sus propios soldados lo asesinaron antes de que Marco Aurelio pudiera enfrentarlo. Lo más notable de esta situación fue la reacción del emperador: en lugar de buscar venganza, lamentó la traición de Casio y mostró su deseo de perdonar a quienes lo habían seguido. Esto muestra una vez más la templanza y la filosofía de Marco, quien siempre intentó gobernar con razón y justicia, en lugar de ira y resentimiento.

Sin embargo, a pesar de sus esfuerzos por mantener la estabilidad, Marco Aurelio tenía un problema que ni su inteligencia ni su paciencia podían resolver: su propio hijo, Cómodo. Desde pequeño, Cómodo mostró signos de debilidad moral y un carácter caprichoso. Marco, a pesar de sus ideales estoicos, cometió un error crucial: en lugar de elegir a un sucesor capaz, decidió que su hijo lo heredaría todo. Esta decisión marcaría el principio del fin para Roma, pero en ese momento, Marco seguía confiando en que podría guiar a su hijo por el buen camino.

Últimos Años y Muerte

Los últimos años de Marco Aurelio fueron una prueba constante de resistencia. Su salud, ya debilitada por los años de tensión y esfuerzo, comenzó a deteriorarse rápidamente. Se dice que sufría de una enfermedad crónica, probablemente tuberculosis o alguna afección intestinal grave. Aun así, nunca dejó de lado sus responsabilidades como emperador. A diferencia de muchos otros líderes que delegaban en momentos de debilidad, Marco Aurelio siguió tomando decisiones hasta el último día de su vida.

Mientras su cuerpo se debilitaba, el imperio seguía enfrentando problemas graves. Las guerras en las fronteras del Danubio lo obligaron a estar en el campo de batalla en lugar de descansar en Roma. Pasó años en campamentos militares, conviviendo con soldados, dirigiendo estrategias y asegurándose de que el imperio no cediera terreno ante los invasores germánicos. Era un emperador-filósofo, sí, pero también un comandante que entendía que la supervivencia de Roma dependía de su presencia en el frente.

Su muerte llegó en el año 180 d.C., en el campamento militar de Vindobona, lo que hoy es Viena. No murió en un palacio rodeado de lujos, sino en una tienda de campaña, enfermo y agotado. Se cuenta que, cuando sintió que su final estaba cerca, llamó a sus consejeros y a su hijo Cómodo para organizar la sucesión. Aunque su elección de Cómodo como heredero ha sido muy criticada por la historia, en ese momento no parecía haber muchas opciones viables. Tal vez, en su lecho de muerte, Marco Aurelio esperaba que su hijo se rodeara de buenos consejeros y siguiera su ejemplo. Pero la realidad fue otra: el reinado de Cómodo marcó el inicio del declive del Imperio Romano[3].

Con su muerte, terminó la era de los "Cinco Buenos Emperadores", un periodo de estabilidad y buen gobierno en Roma. Su legado, sin embargo, sobrevivió. No solo por las decisiones políticas y militares que tomó, sino por sus pensamientos, plasmados en sus "Meditaciones". Es irónico que un emperador que pasó su vida en guerras y crisis sea recordado no por sus conquistas, sino por su filosofía y su manera de enfrentar la vida. A través de sus escritos, Marco Aurelio nos dejó una guía sobre cómo vivir con virtud, dignidad y serenidad, incluso en medio del caos.

Marco Aurelio como Filósofo y Gobernante

Si hay algo que hace que Marco Aurelio sea tan especial en la historia, es la combinación de dos facetas que pocas veces se ven en una misma persona: la del gobernante y la del filósofo. Muchos han gobernado, y muchos han filosofado, pero él hizo ambas cosas al mismo tiempo. No era un pensador aislado en su biblioteca ni un político pragmático sin principios. Su vida fue una prueba viviente de que las ideas y la acción pueden ir de la mano.

Su pensamiento estoico y su visión del deber

Marco Aurelio era un emperador, sí, pero en su corazón, era un estoico. Y no solo porque le gustara leer a Epicteto[65] o Séneca[66], sino porque realmente intentaba aplicar esa filosofía en su día a día. Para él, la clave de todo era la autodisciplina, la aceptación de la realidad y la convicción de que lo único que realmente controlamos es nuestra propia mente. Creía que no tenía sentido quejarse de las desgracias, sino que había que afrontarlas con serenidad y hacer lo correcto en cada momento.

La idea del deber lo obsesionaba. No veía el poder como un privilegio, sino como una responsabilidad. Creía que su función como emperador no era disfrutar de la grandeza, sino servir al Imperio. Para él, la mejor forma de honrar su cargo era ser justo, racional y nunca dejarse llevar por las pasiones. La historia está llena de gobernantes que fueron esclavos de sus deseos, pero Marco Aurelio intentó hacer lo contrario: ser un amo de sí mismo.

Por eso, cuando tenía que tomar decisiones difíciles, no lo hacía pensando en su propio beneficio, sino en lo que creía que era mejor para Roma. Y aunque muchas veces eso significaba tomar el camino más duro, nunca se desvió de su camino.

Reformas administrativas y políticas sociales

Marco Aurelio no solo se preocupaba por la filosofía, también tenía los pies en la tierra y sabía que gobernar era tomar decisiones concretas que afectaban a millones de personas. Desde el primer día, se esforzó por hacer reformas que mejoraran la vida de la gente, especialmente de los más pobres y desfavorecidos.

Uno de sus grandes logros fue fortalecer el sistema de asistencia social. Creó fondos para ayudar a huérfanos y niños pobres, asegurándose de que tuvieran lo necesario para vivir. También trató de mejorar la justicia, promoviendo leyes más equitativas y reduciendo la corrupción en los tribunales.

En el ámbito económico, su reinado estuvo marcado por crisis y dificultades, pero él intentó mantener la estabilidad. Se enfrentó a hambrunas, a la peste antonina (una de las peores pandemias de la historia) y a gastos militares elevados. A pesar de todo, trató de equilibrar las finanzas del Imperio sin explotar a la población con impuestos abusivos.

A nivel militar, aunque era un emperador que prefería la paz, no tuvo más remedio que pasar gran parte de su vida en el frente de batalla. No era un guerrero por gusto, sino por necesidad. Su enfoque era claro: defender el Imperio sin caer en la brutalidad ni en el abuso de poder.

Persecución de los cristianos: controversia y contexto

Uno de los temas más debatidos sobre Marco Aurelio es su papel en la persecución de los cristianos. ¿Fue un tirano despiadado que los persiguió sin piedad? ¿O simplemente permitió que las autoridades locales actuaran según las leyes de la época?

Para entender esto, hay que ponerse en contexto. En el siglo II, el cristianismo aún era una religión pequeña y vista con sospecha. No porque fueran considerados especialmente peligrosos, sino porque su negativa a adorar a los dioses tradicionales se interpretaba como una amenaza para la estabilidad del Imperio. En Roma, la religión y el Estado estaban profundamente entrelazados, y negarse a hacer sacrificios a los dioses era visto como una falta de lealtad al emperador y a la comunidad.

Marco Aurelio no inició personalmente persecuciones masivas contra los cristianos, pero tampoco las detuvo cuando ocurrían. No era alguien que se moviera por el odio o el fanatismo, sino por la lógica de su tiempo. Para él, la unidad del Imperio era fundamental, y cualquier grupo que rechazara participar en los rituales comunes era visto como problemático.

Eso no significa que fuera un emperador cruel o intolerante. De hecho, era bastante más clemente que muchos de sus predecesores. Pero desde su perspectiva, la estabilidad del Imperio estaba por encima de cualquier grupo religioso.

Libro I

1. De mi abuelo Verus aprendí a ser amable y humilde, a controlar la ira y a no dejarme llevar por pasiones desbordadas. Del ejemplo y la memoria de mi padre entendí lo que significa sentir vergüenza cuando es necesario y comportarme como un hombre de verdad. De mi madre aprendí a ser devoto y generoso, y a evitar no solo hacer el mal, sino a ni siquiera tenerlo en mente; a contentarme con una dieta sencilla y a rechazar los excesos que suelen venir con la gran riqueza. De mi bisabuelo aprendí lo importante que es asistir a las escuelas y reuniones públicas, y también a buscar buenos maestros en casa, sin preocuparme demasiado de que a veces me cobraran de más.

2. De quien me educó aprendí a no aferrarme a ninguna de las dos grandes bandas de corredores del circo, llamados Prasini y Veneti[4], ni a inclinarme a favor de algún gladiador o esgrimidor en el anfiteatro, ya sean de los Parmularii o de los Secutores[5]. También me enseñó a soportar el trabajo con paciencia, a no depender de demasiadas cosas, a hacer mis propios asuntos en lugar de delegarlos, a no meterme en muchos negocios a la vez y a no dejarme llevar fácilmente por chismes o calumnias.

3. Diogneto me enseñó a no ocuparme de cosas vanas y a no creer de inmediato en todo lo que se dice, sobre todo en lo que afirman quienes se dedican a hacer milagros, a ser hechiceros, malabaristas o farsantes. Me mostró que no vale la pena obsesionarse con el poder de los amuletos o con la idea de expulsar malos espíritus. Aprendí a no ofenderme por la libertad de expresión de los demás y a enfocarme en la filosofía. Además, le estoy agradecido porque gracias a él conocí a Bacchio, Tandasio

y Marciano[6], lo que me llevó en mi juventud a escribir diálogos y a sentir simpatía por el estilo de vida sencillo de los filósofos, sus modestos asientos y pieles, y demás costumbres propias de quienes siguen la disciplina griega.

4. Con Rústico me di cuenta de que mi vida necesitaba un cambio, un "arreglo" que la pusiera en orden. Aprendí a no caer en la ambición de los sofistas corrientes, ya sea escribiendo tratados sobre ideas comunes o predicando la virtud y el estudio de la filosofía en discursos públicos. También me enseñó a no andar presumiendo de ser un hombre físicamente activo solo para impresionar. Dejé atrás el estudio exagerado de la retórica, la poesía y ese lenguaje elegante y rebuscado. Ya no me paseaba por la casa con mi larga toga.

Además, Rústico me enseñó a escribir cartas sin afectación ni curiosidad excesiva, como aquella que envió a mi madre desde Sinuessa. Aprendí a ser siempre apaciguador, dispuesto a reconciliarme y a volver a caer bien a quien me hubiera ofendido, tan pronto como esa persona se acercara. Me impulsó a leer con atención, a no conformarme con conocimientos superficiales y a no aceptar todo lo que se dice sin cuestionarlo. También le agradezco por haberme puesto en contacto con las "Hypomnemata[7]" de Epicteto, esos comentarios morales y reflexiones cotidianas que me ayudaron a ver las cosas de otra manera.

5. De Apolonio aprendí lo que significa la verdadera libertad y la constancia que no se rinde ante nada, a valorar siempre lo que es justo y razonable, por pequeño que parezca. Aprendí a mantenerme firme, ya sea en medio del dolor más intenso, tras la pérdida de un hijo o durante largas enfermedades. Fue un ejemplo

vivo para mí, demostrando que es posible ser apasionado sin perder la calma, sin irritarse por la torpeza de los demás ni ofenderse cuando sus alumnos o interlocutores no están a la altura.

Además, me mostró cómo, a pesar de tener muchos talentos, uno debe ser modesto y usar sus habilidades para enseñar y convencer a otros de los principios de la filosofía estoica. De él aprendí también a aceptar los favores y muestras de amabilidad de mis amigos sin volverme servil o excesivamente complaciente, pero sin llegar a ser ingrato o desagradecido.

6. De Sexto aprendí la suavidad y el buen trato que se nota en una familia guiada por el cariño paterno, y la importancia de vivir en sintonía con la naturaleza. Aprendí a ser serio sin mostrar afectación exagerada, a observar con cuidado el comportamiento de mis amigos, a no ofenderme con las tonterías de los demás ni a atacar a quienes se dejan llevar por modas pasajeras, opiniones comunes, o por teorías y doctrinas que otros consideran importantes.

Su forma de conversar es un claro ejemplo de cómo adaptarse a cualquier grupo sin perder la propia esencia. Su compañía resultaba tan agradable como la de un buen amigo, y a la vez se ganaba el respeto y la admiración de todos. Era un hombre equilibrado, que sabía ordenar su vida de forma racional y metódica, tomando decisiones importantes sin mostrar ni un atisbo de enojo u otra pasión. Siempre tenía buena reputación, era discreto y no hacía alboroto, demostrando una sabiduría sin ostentación.

7. De Alejandro el Gramático aprendí a cuidar mi forma de hablar y a no regañar a nadie de manera dura por equivocarse en el uso de palabras, ya sea usando un término raro, un error en la gramática o pronunciando mal alguna palabra. En lugar de criticar de forma abrupta, lo ideal es responder con habilidad, comentando o dando un ejemplo de cómo se debería decir correctamente, sin darle demasiada importancia al error. O, si es necesario, corregirlo de forma sutil y amable para que la persona entienda sin sentirse ofendida.

8. De Fronto aprendí que en la corte de un rey tiránico hay mucha envidia, engaño e hipocresía. Además, me mostró que quienes se autodenominan "de buena cuna" o nobles, a veces no son capaces de sentir un afecto genuino. Es decir, la nobleza no garantiza bondad ni calidez en el trato con los demás.

9. De Alejandro el Platónico aprendí a no decir ni escribir a la ligera "no tengo tiempo", a menos que realmente sea imprescindible. Tampoco debo posponer mis responsabilidades o deberes con mis amigos y conocidos usando la excusa de asuntos urgentes. Es fundamental cumplir con lo que debemos a los demás sin dilaciones.

10. De Catulo a no rechazar la corrección o el consejo de un amigo, incluso si al principio me parece injusto, sino a esforzarme por ayudarlo a volver a su mejor versión. También me enseñó a hablar bien de mis maestros en cada oportunidad, como se dice de Domicio y Atenodoto, y a amar a mis hijos con un afecto sincero y profundo.

11. De mi hermano Severo aprendí a ser amable y cariñoso con todos en mi hogar y familia. Gracias a él llegué a conocer a

hombres sabios como Trasea, Helvidio, Cato, Dio y Bruto. Él fue quien me inspiró a soñar con un gobierno justo y equitativo, en el que lo único que importara fuera el bienestar de todos. Además, me enseñó a estudiar la filosofía de manera constante y sin distracciones, a ser generoso y a esperar siempre lo mejor, confiando en que mis amigos me quieren. Su forma de tratar a los demás era tan abierta y directa que cualquiera podía saber sin dudas lo que él pensaba y esperaba.

12. De Claudio Máximo aprendí a tener siempre control sobre mí mismo y a no dejarme arrastrar por las circunstancias. Me mostró cómo ser alegre y valiente ante cualquier sorpresa, accidente o incluso enfermedad; a valorar la suavidad, la moderación y la seriedad; y a cumplir mis responsabilidades con esmero y sin quejarme. Lo que decía y hacía se notaba que venía del corazón, sin apresuramientos ni vacilaciones, y siempre actuaba con buenas intenciones. Nunca se sorprendía de nada, no se apuraba ni se demoraba, ni se mostraba confundido o abatido, y evitaba reírse o enojarse en exceso. Siempre estaba listo para hacer el bien, perdonar y decir la verdad, y su forma tan natural de ser hacía que nadie se sintiera menospreciado ni se atreviera a creerse superior. Además, era una persona muy amable y educada.

13. De mi padre observé su gran humildad y constancia, siempre firme en sus decisiones tras haberlas meditado bien. Se comportaba sin vanidad, con honor y dignidad, y trabajaba con esfuerzo y dedicación. Siempre estaba dispuesto a escuchar a quien tuviera algo que aportar al bien común, dando a cada persona lo que le correspondía de manera justa e imparcial. Sabía cuándo era necesario ser estricto y cuándo mostrarse comprensivo, y evitaba los excesos, como un afecto desmedido

hacia los jóvenes. Trataba a los demás de forma natural, sin exigir que sus amigos le sirvieran en cada comida o lo acompañaran en cada viaje. Si algún asunto importante se retrasaba, siempre lo retomaba con la misma calma de siempre.

Su forma de analizar las cosas era meticulosa y su paciencia para escuchar, ejemplar. Nunca se conformaba con ideas superficiales ni se dejaba llevar por nociones repentinas. Cuidaba de sus amigos sin mostrarse distante ni excesivamente apegado, y siempre tenía una actitud serena y prevenida, planificando incluso los detalles más pequeños sin alboroto. Además, evitaba los halagos y adulaciones, y se encargaba de lo necesario para el buen gobierno, llevando cuenta de los gastos comunes sin perder la compostura ante las críticas. No adoraba a los dioses de forma supersticiosa ni buscaba ganar popularidad; actuaba con sobriedad y naturalidad, disfrutando lo que tenía sin ansiedad ni ostentación. Su ejemplo muestra cómo mantenerse firme y equilibrado, sin importar la situación, es señal de un alma fuerte e invencible, tal como lo demostró en momentos difíciles.

14. De los dioses recibí el don de haber tenido buenos abuelos y padres, una buena hermana, excelentes maestros, criados leales y parientes cariñosos, prácticamente casi todo lo que tengo. Además, aprendí que, a pesar de mi carácter impulsivo, nunca llegué a dañar a ninguno de ellos por actuar apresuradamente, porque fue la misericordia de los dioses la que impidió que se juntaran las circunstancias de tal forma que yo cometiera errores.

También se me concedió no haber sido criado demasiado tiempo por la concubina de mi padre, lo que me permitió disfrutar plenamente de mi juventud. Aprendí a no querer ser "hombre" antes de tiempo, esperando el momento justo. Viví bajo la dirección de mi padre, quien me enseñó a dejar de lado el orgullo y la vanidad, mostrándome que no es necesario que un príncipe en la corte esté rodeado de guardias, seguidores, vestimentas ostentosas, antorchas, estatuas y demás lujos. Un hombre puede comportarse de forma sencilla, casi como una persona común, sin volverse ruin en los asuntos públicos que requieren autoridad.

También tuve un hermano cuyo ejemplo me inspiró a mirarme a mí mismo y me llenó de cariño. He tenido hijos sinceros, que nacieron sin deformidades. Reconozco que no me destaqué en la retórica o la poesía ni en otras artes, algo en lo que quizá podría haberme especializado si lo hubiera intentado, pero en ocasiones preferí a quienes me criaron a aspirar a los honores que ellos deseaban para mí, esperando el momento oportuno.

Conocí a Apolonio, a Rústico y a Máximo, y tuve muchas oportunidades para meditar sobre la vida en armonía con la naturaleza, sobre su verdadera esencia. Gracias a las señales, ayudas e inspiraciones de los dioses, nada me impidió comenzar a vivir de forma natural. Incluso cuando aún no formaba parte completa de esa vida, yo mismo era el principal obstáculo al no prestar atención a esos impulsos y sugerencias internas —instrucciones casi claras de los dioses—. Así, mi cuerpo pudo resistir durante tanto tiempo.

No me enredé con gente como Benedicta o Teódoto, y cuando caí en amores pasajeros, me recuperé rápido. Aunque en ocasiones me disgusté con Rústico, nunca hice algo de lo que luego me arrepintiera. A pesar de que mi madre estaba destinada a morir joven, ella vivió conmigo hasta sus últimos años. Cada vez que quise ayudar a alguien en apuros o a un necesitado, jamás escuché a mis oficiales decir que no había dinero suficiente, y yo mismo nunca tuve que pedir ese auxilio.

Tengo una esposa tan obediente, amorosa y sincera. También conté con hombres capaces para criar a mis hijos. Incluso, en sueños, recibí ayuda sobre cómo detener la pérdida de sangre o curar mis mareos, de la misma forma en que te sucedió en Cajeta o a Crises cuando oró junto al mar.

Y cuando me inicié en la filosofía, no caí en manos de sofistas ni perdí el tiempo leyendo montones de libros de filósofos comunes, ni me dediqué a resolver argumentos o falacias, ni me obsesioné con estudiar fenómenos naturales o curiosidades. Todo esto, sin la ayuda de los dioses y la fortuna, no habría sido posible.

15. En la región de los Quadi, en Granua, cada mañana recuérdate: hoy te tocará tratar con alguien inútil, entrometido y excesivamente curioso; con alguien ingrato, malhablado, astuto, falso o envidioso; o incluso con un individuo poco sociable y sin compasión. Todas estas malas cualidades se deben a que no saben distinguir lo que es verdaderamente bueno de lo que es malo.

Pero yo, que comprendo que lo bueno es aquello que vale la pena desear y lo malo es algo realmente detestable y vergonzoso, y sabiendo que ese que se equivoca, sin importar quién sea, es mi par (no por compartir la misma sangre, sino porque todos compartimos la capacidad de razonar y esa chispa divina), ¿cómo puedo sentirme herido por ellos? Ellos no tienen poder para obligarme a hacer algo realmente malo. Tampoco tiene sentido enojarse con alguien que, por su naturaleza, está tan cerca de ti, pues todos nacimos para trabajar juntos, como los pies, las manos o los párpados; como los dientes de arriba y abajo. Estar en conflicto es ir contra la naturaleza, y si algo te irrita o rechazas algo, simplemente significa que hay desacuerdo.

16. Todo lo que soy se compone de tres partes: mi cuerpo, mi vida y lo que llamamos, comúnmente, la parte que manda: la razón.

Primero, deja a un lado esos libros que distraen tu mente y la hacen saltar de un lado a otro; porque cuando estés a punto de partir, no valdrá la pena preocuparte por tu cuerpo: es solo sangre, huesos y piel, un tejido enredado de nervios, venas y arterias. No pienses en él más de lo necesario.

En cuanto a tu vida, reflexiona que es como el viento: no es una brisa constante, sino que se va y viene a cada instante.

La tercera parte, la que te gobierna, es la razón. Aquí, piensa bien: ya eres mayor, y no debes permitir que esa parte tan valiosa se vuelva esclava, dejándose arrastrar por deseos irracionales o emociones desordenadas, como si estuviera conectada por hilos. No dejes que se queje de lo que tienes ahora ni que se asuste por lo que pueda venir, porque el destino ya tiene todo dispuesto.

17. Todo lo que proviene directamente de los dioses depende de su propia providencia. Incluso aquello que la gente dice que ocurre por "suerte" debe entenderse como parte de la naturaleza, de esa conexión fundamental que une a todas las cosas y que, gracias a la providencia divina, hace que todo suceda.

De allí fluye todo: lo que existe es necesario y forma parte del conjunto (del cual tú eres parte), y lo que es indispensable para el bienestar del todo, para cada cosa en particular, debe ser bueno y útil. Y el conjunto se mantiene gracias a la constante transformación de los elementos simples en otros, y a la mutación de lo que está mezclado. Deja que estas ideas sean siempre tus reglas generales y preceptos. Y si sientes una sed insaciable por acumular libros, descártala de inmediato, para que no termines quejándote y murmurando, sino que vivas con verdadera humildad, satisfecho y agradecido de corazón hacia los dioses.

Resumen del Libro

Este primer capítulo es como un homenaje de Marco Aurelio a todas las personas que influyeron en su vida. En lugar de hablar de sí mismo directamente, nos cuenta lo que aprendió de cada uno: desde la humildad de su abuelo hasta la disciplina de su padre y la templanza de sus maestros. Básicamente, nos muestra que nadie se forma solo, sino que somos el resultado de las enseñanzas y el ejemplo de quienes nos rodean.

Lo esencial

Lo que Marco Aurelio quiere que entiendas es que nuestra educación no solo viene de los libros, sino de las personas con las que convivimos. Cada maestro, amigo o familiar nos deja algo, ya sea un valor, una forma de actuar o una manera de enfrentar la vida. Aprender de los demás es una de las claves del crecimiento personal.

Aplicación práctica

Fíjate en esto: a lo largo de tu vida, seguro que has conocido a personas que te han dejado enseñanzas valiosas. Puede ser un profesor que te inculcó el amor por el aprendizaje, un amigo que te enseñó a ser leal o incluso un error que te hizo más fuerte. Reflexiona sobre ello. ¿De quién has aprendido cosas importantes? ¿Cómo puedes aplicar esas enseñanzas en tu día a día?

Rodéate de personas que te inspiren. Marco Aurelio tuvo la suerte de tener grandes ejemplos a su alrededor, pero tú también puedes elegir con quién te relacionas. Aprende de los mejores y, sobre todo, conviértete en alguien de quien otros puedan aprender.

Libro II

1. Recuerda cuánto tiempo ya has pospuesto estas cosas, y cuántas veces se te ha asignado un día y una hora por los dioses que, sin que lo aproveches, se han ido sin ti. Es hora de que entiendas la verdadera naturaleza del mundo, del cual eres parte, y la del Señor y Gobernante del universo, de quien, como un canal que extrae agua de la fuente, tú mismo emergiste. Además, tienes un tiempo limitado para vivir; si no lo usas para calmar y aliviar los muchos malestares de tu alma, ese tiempo se acabará y tú te irás con él, sin posibilidad de recuperarlo.

2. Que sea tu empeño constante, como romano y como hombre, realizar todo lo que emprendas con seriedad genuina, afecto natural, libertad y justicia. Y en cuanto a las demás preocupaciones e ideas sin sentido, aprende a despejar tu mente de ellas. Hazlo actuando en cada tarea como si fuera la última, sin vanidad, sin desviarte de la razón, sin hipocresía, sin autoindulgencia y sin despreciar lo que, por destino o por voluntad de Dios, te ha sucedido. Verás que las cosas verdaderamente necesarias para vivir de forma próspera y ejemplar no son muchas; los dioses no exigen más que mantener y respetar estas pautas.

3. Hazlo, alma mía, hazlo; no te trates mal ni te menosprecies, porque si sigues así, pronto perderás el derecho a respetarte a ti mismo. La felicidad de cada hombre depende de él mismo; y si no te respetas, acabarás basando tu felicidad en lo que piensan o en los prejuicios de los demás.

4. ¿Por qué deben distraerte tanto las cosas externas? Date un tiempo para aprender algo bueno y deja de deambular sin rumbo. También fíjate en otro tipo de deambulación: hay quienes se mueven sin un objetivo claro, trabajando sin dirección ni metas definidas, y eso solo los lleva a perder el tiempo.

5. Casi nadie es infeliz si se fija en el estado del alma de los demás. Dile a aquellos que no planean ni dirigen sus sentimientos con sensatez que, inevitablemente, vivirán en la infelicidad.

6. Siempre ten en mente lo siguiente: ¿cuál es la naturaleza del universo y cuál es la tuya, en particular? Piensa en cómo se relacionan; en qué parte del universo estás y qué tipo de universo es ese. Recuerda que nadie puede impedirte hacer y decir lo que esté en armonía con esa naturaleza, de la cual tú formas parte.

7. Teofrasto[8], al comparar un pecado con otro (según un sentido común que se puede admitir), dice, con la claridad de un buen filósofo, que los pecados cometidos por lujuria son peores que los cometidos por ira. Quien se enoja parece, con cierta tristeza y encogimiento, alejarse de la razón; pero el que peca por lujuria, al dejarse llevar por el placer, muestra en su acto una debilidad y una falta de hombría mayores. Así, según este razonamiento, es más condenable aquel que actúa con placer, ya que parece haber decidido hacerlo voluntariamente, mientras que el que peca por ira podría haber sido primero agraviado y, por ese dolor, obligado a enojarse.

8. Haz todo lo que hagas, siente todo lo que sientas, como si este fuera tu último día de vida. Porque, seamos sinceros, nunca sabes si lo es. Y sobre la muerte, piensa esto: si existen los dioses, irse de este mundo no es algo terrible. Si realmente hay dioses, puedes

estar seguro de que no te harán daño. Y si resulta que no hay dioses, o que no les importa el mundo, ¿por qué querrías vivir en un lugar sin dioses ni propósito?

Pero claro que existen los dioses, y claro que les importa el universo. Y en cuanto a las verdaderas desgracias, como la maldad o la injusticia, ellos nos dieron el poder de evitarlas. Si hubiera algo más que realmente fuera malo para nosotros, seguro también nos habrían dado la capacidad de esquivarlo.

Así que, ¿por qué preocuparnos por cosas que no pueden hacernos ni mejores ni peores personas? No tiene sentido pensar que el universo permitió estas cosas por error o por falta de poder para controlarlas. La naturaleza no comete fallos de ese tipo. No es que haya dejado que el bien y el mal se mezclen sin ton ni son, como si todo pasara sin orden. Vida y muerte, éxito y fracaso, esfuerzo y descanso, riqueza y pobreza... todo eso les pasa tanto a los buenos como a los malos, y ¿sabes por qué? Porque en sí mismas, esas cosas no son ni buenas ni malas. No son vergonzosas ni dignas de aplauso. Todo depende de cómo las uses y cómo las enfrentes.

9. Piensa en lo rápido que todo se deshace y desaparece. Los cuerpos y las cosas que ves hoy se convierten en polvo y vuelven a ser parte del mundo. Los recuerdos de las personas también se desvanecen con el tiempo, como si fueran gotas cayendo en un océano inmenso.

Ahora, fíjate bien en las cosas que nos atraen o nos asustan en la vida. Piensa en esos placeres que nos enganchan, en esos problemas que nos dan miedo, en todo lo que parece brillante y deseable a los ojos del mundo. Si lo analizas de cerca, te das cuenta de que son cosas vacías, efímeras, sin verdadero valor. Son como fuegos artificiales: deslumbran por un momento, pero al final no son más que humo.

10. Si tienes una mente clara y despierta, pregúntate esto: ¿quiénes son realmente esas personas de quienes buscamos aprobación? ¿Qué valor tienen sus opiniones? También piensa en qué es la muerte de verdad. Si la separas de todas las ideas aterradoras con las que solemos rodearla, verás que no es más que un proceso natural, algo que la vida trae consigo, igual que nacer o crecer. Y quien le teme a un proceso natural, es como un niño que se asusta de su propia sombra.

De hecho, la muerte no solo es natural, sino que también es útil para la naturaleza. Es parte del ciclo de la vida, como las hojas que caen en otoño para que broten nuevas en primavera.

11. Reflexiona sobre esto: ¿de qué manera está el ser humano conectado con lo divino? ¿Y cómo nos afecta cuando nos desconectamos de esa parte nuestra?

No hay nada más triste que una mente que lo quiere abarcar todo, que intenta adivinar lo que piensan los demás, que escarba hasta en los secretos más profundos de la tierra… pero que al mismo tiempo no se da cuenta de lo más importante: que lo único que realmente necesita es enfocarse en su propio espíritu y servirlo bien.

¿Y cómo se le sirve bien? Manteniéndose libre de emociones descontroladas, de malos sentimientos, de decisiones impulsivas y de quejas innecesarias, ya sea contra los dioses o contra los hombres. Porque todo lo que viene de los dioses merece respeto, simplemente porque es parte de su gran plan. Y todo lo que viene de los hombres debe ser recibido con amor, porque son nuestros semejantes. Si se equivocan, es porque no saben distinguir lo bueno de lo malo, igual que una persona ciega no distingue los colores. Y cuando alguien es ignorante, más que rabia, lo que merece es compasión.

12. Si vivieras tres mil años o incluso diez mil, ¿sabes qué? En realidad, solo perderías el momento presente. Porque no puedes perder el pasado, ya que ya pasó. Ni el futuro, porque aún no lo tienes. Solo puedes soltar lo que estás viviendo en este instante.

Así que, al final, da igual si vives mucho o poco. Lo único que realmente poseemos es el ahora. Cuando morimos, lo único que dejamos ir es este pequeño fragmento de tiempo que nos tocaba vivir.

Además, todo en el universo sigue un ciclo eterno, donde las mismas cosas se repiten una y otra vez. No importa si lo ves durante cien años o durante mil: siempre será lo mismo. Por eso, la vida de una persona que vive poco y la de otra que vive mucho, en el fondo, no son tan distintas. Porque ambas solo tienen el momento presente, y es lo único que pueden perder. No puedes perder algo que nunca fue realmente tuyo.

13. Recuerda esto: todo es cuestión de cómo lo veas y de la idea que te hagas en tu cabeza. Lo que dijo Monimus[9], el cínico, es muy cierto: al final, todo es interpretación. Y lo mejor que puedes hacer con esto es aceptar tanto lo que es cierto y serio, como lo que es agradable y reconfortante. Porque, si solo te quedas con lo que suena bonito pero ignoras lo que es real, te estarás engañando a ti mismo.

14. La mente de una persona se traiciona y se hace daño a sí misma de varias maneras. Primero, cuando se aísla del mundo y se siente ajena a lo que pasa. Si te enfadas o te frustras con la vida, es porque te estás desconectando de la naturaleza del universo. Y eso es como querer pelear contra la marea: absurdo. Todo lo que pasa forma parte de un todo, y tú también eres parte de eso.

Segundo, cuando sientes odio o resentimiento hacia alguien, o cuando deseas que le vaya mal. Eso solo envenena tu propia alma. Las personas llenas de rabia y rencor se destruyen a sí mismas antes que a nadie.

Tercero, cuando te dejas arrastrar por el placer o el dolor. Si cualquier placer te domina, te conviertes en su esclavo. Si cualquier problema te tumba, eres su prisionero.

Cuarto, cuando finges, mientes o actúas con hipocresía. Es una traición a ti mismo vivir con una máscara, decir una cosa y hacer otra.

Quinto, cuando haces cosas sin pensar, sin un propósito claro, sin preguntarte si realmente vale la pena. Hasta lo más pequeño debería tener sentido dentro de algo más grande. Y ese "algo más grande" es seguir la lógica del universo, vivir de acuerdo con la naturaleza y la razón que gobierna todo.

15. La vida es un suspiro. Un instante. Su esencia es siempre cambiante, y lo que sentimos es confuso y pasajero. Nuestro cuerpo es frágil y está destinado a descomponerse. Nuestra mente nunca descansa, la suerte es caprichosa y la fama es incierta. Para resumir: todo lo que tiene que ver con el cuerpo es como un río

que fluye sin parar; todo lo que tiene que ver con el alma es como un sueño o un poco de humo que se disipa en el aire.

Vivimos en una batalla constante, siempre en movimiento, como viajeros en un camino desconocido. Y la fama después de la muerte no es más que olvido.

Entonces, ¿qué es lo único que realmente vale la pena? La filosofía. Porque la filosofía te enseña a mantenerte firme, a no dejar que nada te humille o te arrastre, ni el placer ni el sufrimiento. Te ayuda a no actuar impulsivamente, ni con falsedad, ni con hipocresía. Te enseña a depender solo de ti mismo y de tus propias acciones. A aceptar lo que te pase con tranquilidad, sabiendo que todo viene de la misma fuente de la que tú viniste.

Y, sobre todo, te enseña a esperar la muerte con serenidad, como lo que es: la disolución de los elementos que te forman, igual que todo en la naturaleza. Y si la naturaleza no sufre cuando las estaciones cambian, cuando el agua se convierte en nubes o las hojas caen para dar paso a otras nuevas, ¿por qué ibas a temer tú a la muerte? Es parte del ciclo natural. Y nada que sea natural puede ser malo.

Resumen del Libro

Marco Aurelio nos habla de la urgencia del presente y de la importancia de vivir con propósito. Nos recuerda que la vida es breve y que no podemos seguir postergando lo esencial. Nos insta a actuar con justicia, seriedad y sin distracciones, enfocándonos en lo que realmente importa. También reflexiona sobre el control de nuestras emociones, el sentido de la muerte y la naturaleza del universo. Su mensaje es claro: lo que nos afecta no es lo que sucede, sino cómo lo interpretamos.

Lo esencial

El emperador estoico nos da una lección poderosa: no podemos controlar cuánto tiempo tenemos, pero sí cómo lo usamos. Nos anima a centrarnos en lo que está en nuestras manos: nuestras acciones, pensamientos y reacciones. No hay espacio para excusas ni para perderse en trivialidades. También nos advierte sobre la trampa de depender de la aprobación ajena y nos anima a encontrar satisfacción en nuestra propia virtud. Finalmente, enfatiza que el universo sigue su curso sin errores, y nuestra tarea es alinearnos con él en lugar de resistirlo.

Aplicación práctica

- **Deja de posponer lo importante**: ¿Cuántas veces has dicho "mañana empiezo"? Marco Aurelio te diría que el momento de actuar es ahora. Sea aprender algo nuevo, mejorar tu salud o resolver un conflicto, no esperes más.
- **Haz cada tarea como si fuera la última**: Trabaja con honestidad, sin preocuparte por la aprobación externa. No hagas las cosas por ego o por quedar bien, sino porque son lo correcto.
- **Despeja tu mente de lo innecesario**: Las preocupaciones sin sentido te roban energía. Si algo no está en tu control, suéltalo.
- **Domina tus emociones**: No te dejes arrastrar por la ira o el placer desmedido. Aprende a ver las cosas con claridad antes de reaccionar.

- **Reflexiona sobre la muerte**: No para temerla, sino para valorar mejor el tiempo que tienes. Vive de manera que, si hoy fuera tu último día, no tuvieras remordimientos.
- **No te obsesiones con la fama o la opinión ajena**: Al final, todo es fugaz. Concéntrate en lo que realmente construye tu carácter.

Libro III

1. No solo hay que darse cuenta de que cada día que pasa es un día menos de vida, sino que también hay que pensar en otra cosa: aunque vivas muchos años, no tienes ninguna garantía de que tu mente siga funcionando bien. Puede que un día ya no seas capaz de pensar con claridad ni de tomar buenas decisiones.

Y es un problema, porque todo lo importante en la vida depende de eso: de tener una mente despierta y lúcida. Porque, aunque tu cuerpo siga respirando, comiendo y funcionando, si tu cabeza ya no te sirve para entender las cosas, para distinguir lo justo de lo injusto, para corregir errores o para reflexionar incluso sobre si vale la pena seguir viviendo... entonces, ¿de qué te sirve seguir aquí?

Por eso, no pierdas el tiempo. No solo porque cada día te acerca más a la muerte, sino porque tu capacidad para pensar y comprender el mundo también se desgasta. Y quizás un día, antes de que mueras, tu mente te falle.

2. Hay algo curioso en la naturaleza: todo lo que ocurre de forma natural tiene su propia belleza, aunque a veces no lo parezca.

Mira un pan recién horneado: a veces la corteza se rompe y queda irregular. En teoría, no debería ser así, porque el pan se hace para que quede uniforme, pero esas grietas le dan un aspecto apetitoso. Pasa lo mismo con los higos: cuando empiezan a arrugarse y marchitarse, es cuando están más dulces. O las aceitunas: justo cuando están a punto de pasarse, es cuando alcanzan su punto óptimo.

Fíjate en las uvas que cuelgan de la vid, en la frente arrugada de un león, en la espuma que suelta un jabalí enfurecido. A primera vista, pueden parecer cosas poco atractivas, pero si las miras con atención tienen una belleza propia.

Si entrenas la mirada para ver las cosas tal como son, sin prejuicios, descubrirás que todo en la naturaleza tiene algo hermoso. Y te parecerán tan interesantes las expresiones de los animales salvajes como las pinturas de los mejores artistas. Aprenderás a ver la belleza en la vejez, tanto en hombres como en mujeres. Y también en todo lo demás, pero solo si miras con ojos puros y sin prejuicios.

No todos pueden verlo, solo aquellos que han aprendido a mirar más allá de lo superficial y a entender la naturaleza tal como es.

3. Hipócrates[10], que curó a tantos enfermos, acabó muriendo él mismo. Los astrólogos, que predecían la muerte de otros, no pudieron evitar la suya.

Alejandro Magno, Pompeyo y Julio César destruyeron ciudades y mataron a miles de soldados... pero ellos también murieron. Heráclito[11], que escribió sobre cómo el mundo acabaría consumido por el fuego, murió ahogado en sus propios líquidos corporales y cubierto de suciedad. Demócrito[12], que estudió la naturaleza, murió devorado por piojos. Y Sócrates[13], que dedicó su vida a la verdad, fue asesinado por personas ignorantes y malvadas.

¿Entonces, qué significa todo esto?

Que la vida es como un viaje en barco[14]: subes, navegas, llegas a puerto... y al final, te bajas. Si después de la muerte hay otra vida, entonces allí también encontrarás dioses, porque están en todas partes. Y si la muerte es el fin absoluto, pues ya no sentirás nada: ni dolor, ni placer, ni preocupaciones.

Dejarás de estar atado a este cuerpo, que en realidad no es más que un saco de carne y sangre. Y si lo piensas bien, es hasta absurdo que algo tan frágil y pasajero haya tenido tanto poder sobre tu alma, que es lo único realmente valioso.

4. No pierdas el tiempo preocupándote por lo que hacen, dicen o piensan los demás, a menos que realmente tenga algo que ver con el bien común. Si no, solo estarás desperdiciando tu energía en cosas que no valen la pena, distrayéndote de lo que realmente importa: mantener tu mente clara y enfocada.

Asegúrate de que tus pensamientos sean útiles y no te lleven a perder el rumbo. Sobre todo, evita caer en la curiosidad inútil o en la mala intención. Acostúmbrate a pensar solo en lo que realmente valga la pena, de modo que, si alguien te preguntara en cualquier momento en qué estás pensando, puedas responder sin vergüenza ni dudas. Que se note que en tu cabeza solo hay claridad, paz y pensamientos alineados con lo que es justo y útil para la comunidad.

No te dejes llevar por placeres vacíos ni fantasías inútiles. No caigas en la envidia, la sospecha o en pensamientos que te harían sentir vergüenza si los dijeras en voz alta. La persona que vive así es alguien que no pierde el tiempo y que siempre va tras lo mejor. Es como un sacerdote dedicado a lo más puro, en sintonía con la parte más sabia y noble de sí mismo.

Esa persona cuida su integridad: no se deja arrastrar por placeres fáciles ni se deja vencer por el dolor. No se daña a sí mismo con malos pensamientos ni permite que otros lo perjudiquen. Es un luchador en la más alta competencia: la de mantenerse firme ante cualquier emoción o deseo que intente sacarlo del camino correcto.

No se interesa por lo que hacen los demás, a menos que sea por una razón realmente importante y en beneficio de todos. Enfoca su energía en lo que está bajo su control y confía en que lo que le sucede es parte del orden natural de las cosas. Lo acepta sin quejas, porque sabe que todo lo que ocurre es necesario y, de alguna manera, bueno.

Además, recuerda que todos los seres humanos, por el simple hecho de tener razón y pensamiento, están conectados. Es natural preocuparse por el bienestar de los demás. Pero no vale la pena buscar la aprobación de cualquiera. Solo merece la pena el reconocimiento de quienes viven de acuerdo con la naturaleza y la razón.

¿Los demás? No te preocupes por lo que piensen de ti. Sabes cómo son, sabes qué hacen cuando nadie los ve, cómo actúan con sus amigos, cómo se comportan en su vida diaria. Así que, ¿para qué tomar en serio la opinión de personas que ni siquiera se entienden a sí mismas?

5. No hagas nada a la fuerza, ni contra el bien común, ni sin pensarlo bien. No hables más de la cuenta, ni te metas en más cosas de las que puedes manejar.

Tampoco te preocupes por adornar tus ideas con palabras bonitas. Sé claro, directo y sencillo.

Y, sobre todo, asegúrate de que la parte más sabia de ti, esa que gobierna tu vida, pueda sentirse orgullosa. Vive como un hombre de verdad: maduro, sociable, digno. Como un romano, como alguien que entiende su responsabilidad y está preparado para partir de este mundo en cualquier momento, sin miedo ni arrepentimiento.

Sé alguien cuya palabra valga por sí misma, sin necesidad de juramentos ni testigos.

6. Mantén el buen ánimo y no dependas de nadie para sentirte bien. No necesites la ayuda o la aprobación de los demás, ni siquiera para encontrar paz o descanso.

Aprende a sostenerte por ti mismo, a ser fuerte por dentro. Es mejor haber sido siempre firme, o haberse corregido a tiempo, que estar siempre buscando apoyo fuera de uno mismo.

7. Si alguna vez encuentras algo mejor que la justicia, la verdad, la templanza, la fortaleza o una mente que se contenta con lo que hace bien y acepta con calma lo que le sucede... si encuentras algo mejor que esto, entonces síguelo sin dudar.

Pero si no encuentras nada más valioso que tener el control de tus impulsos, pensar antes de actuar, no dejarte llevar por lo primero que se te cruce en la cabeza… si no hay nada mejor que apartarse de los placeres sin sentido, confiar en los dioses y preocuparse por el bienestar de los demás…

Si todo lo demás, comparado con esto, es insignificante y pasajero, entonces no permitas que nada te desvíe del camino.

Porque es un error darle más importancia a cosas externas—la fama, el dinero, el placer—que a lo que realmente define tu valor como persona: tu razón y tu capacidad de hacer el bien.

Si dejas que esas cosas tomen el control, tarde o temprano te dominarán y te harán perder el rumbo. Así que elige lo mejor y aférrate a ello.

Si alguien dice que hay algo más valioso, que lo demuestre. Si es realmente útil para el hombre como ser racional, lo aceptaremos. Pero si solo es algo que alimenta deseos superficiales, lo descartaremos sin dudar.

No te dejes engañar por las apariencias. Aprende a ver lo que realmente importa.

8. Nunca consideres bueno algo que te obligue a romper tu palabra, perder tu dignidad, odiar, desconfiar, engañar o desear algo que solo puedas hacer a escondidas.

La verdadera grandeza está en quien sigue su razón, en quien cuida lo más sagrado que tiene: su virtud.

Alguien así nunca se queja, nunca se siente solo. No necesita nada, no teme nada.

No importa cuánto tiempo viva: largo o corto, siempre estará en paz con su conciencia.

Si le llegara la hora de partir, lo haría con la misma tranquilidad con la que haría cualquier otra cosa, porque sabe que ha vivido con integridad hasta el último momento.

Porque su única preocupación ha sido que su mente y su alma estén siempre en armonía con lo que es correcto, con lo que es natural para un ser humano.

9. Una mente que ha sido realmente entrenada y limpiada de lo innecesario no tiene rincones oscuros, ni pensamientos tóxicos, ni se deja llevar por caprichos o por lo que piensen los demás. No es esclava de sus emociones ni tiene intenciones ocultas. Una persona así nunca será sorprendida por la muerte con asuntos pendientes, como un actor que se va antes de que termine la obra.

10. Trata a tu capacidad de pensar como algo sagrado, porque ahí está la clave de todo. Asegúrate de que tus opiniones no entren en conflicto ni con la naturaleza ni con la razón. Una mente racional no actúa impulsivamente, trata bien a los demás y acepta con gratitud lo que los dioses disponen. Céntrate en eso y olvida lo demás. Recuerda que la única parte de tu vida que realmente vives es el instante presente, que es brevísimo. Todo lo demás ya pasó o es incierto. La fama es un espejismo: incluso si te recuerdan después de morir, ¿qué importa? Además, serán personas comunes, mortales como tú, quienes lo hagan, y ellos mismos pronto desaparecerán. Incluso mientras viven, la mayoría ni siquiera se conoce a sí misma, ¿cómo van a comprender realmente a alguien que ya no está?

11. Para mantener los pies en la tierra, acostúmbrate a analizar cada cosa que te preocupa con total honestidad. Desnúdala de adornos y mírala por lo que realmente es, divídela en partes si

hace falta. Llama a las cosas por su nombre y no te dejes engañar por apariencias. Esto te ayudará a fortalecer tu carácter y a ver la vida con claridad. Pregúntate siempre: ¿Para qué sirve esto realmente? ¿Qué papel juega en el gran esquema del universo? ¿Qué valor tiene en comparación con la existencia humana en su conjunto?

12. Antes de dejarte llevar por cualquier idea o emoción, cuestiónala: ¿Qué es exactamente lo que me está llamando la atención? ¿De qué está hecha esta situación? ¿Cuánto va a durar? ¿Qué virtud es la adecuada aquí? ¿Paciencia, coraje, honestidad, confianza, gratitud? Si algo viene de los dioses, acéptalo. Si es consecuencia de la cadena de eventos del mundo, también. Y si proviene de otra persona, recuérdalo: probablemente actúa así porque no sabe hacerlo mejor. Pero tú sí lo sabes. Trátalo con justicia y empatía. Y si algo es indiferente en sí mismo, no lo sobrevalores ni lo desprecies sin motivo.

13. Si en cada momento haces lo que debes, con calma, sin distracciones ni interferencias, sin dejar que nada ensucie tu mente ni te aleje de la verdad, serás feliz. Nadie podrá evitarlo.

14. Como un médico siempre tiene a mano sus herramientas, ten tú siempre listas tus ideas sobre lo que es importante en la vida, sobre el mundo y sobre los dioses. No importa qué estés haciendo, por pequeño que sea, recuerda que lo humano y lo divino están conectados. No podrás hacer bien tu parte en la vida sin comprender esa relación.

15. No te engañes: puede que nunca tengas tiempo de leer todos esos libros que pensabas disfrutar en tu vejez, ni de estudiar la vida de los grandes personajes de Roma y Grecia, ni de repasar las

notas que has guardado para más adelante. Deja de perder el tiempo. Si realmente te importas, actúa ya.

16. Robar, sembrar, comprar, descansar… Todo tiene significados más profundos que van más allá de lo que ves. No basta con mirar con los ojos; hay otra forma de ver. Hay cuerpo, hay alma, hay razón. Los sentidos pertenecen al cuerpo, los deseos y emociones al alma, y las ideas y principios a la mente.

17. Sentir emociones y dejarse llevar por impulsos es algo que compartimos con los animales. Ser dominado por pasiones descontroladas es lo que hace a las bestias salvajes y a los tiranos. Seguir la razón en la vida cotidiana es algo que hasta los que no creen en los dioses pueden hacer. Pero lo que realmente distingue a una persona buena es aceptar con serenidad lo que la vida trae, sin perturbar su paz interior con pensamientos innecesarios. Es tratar a la mente como un templo sagrado, respetándola y obedeciéndola como si fuera un dios. Es no decir nunca algo que no sea verdad, ni hacer algo que no sea justo. Y si los demás no lo notan, no importa. No te enfades ni te desvíes de tu camino. Vive con la conciencia tranquila y dispuesto a aceptar lo que venga, sin miedo ni resistencia.

Resumen del Libro

En este libro, Marco Aurelio reflexiona sobre la fugacidad de la vida y la importancia de aprovechar el tiempo con una mente lúcida. Nos recuerda que todo en la naturaleza tiene su propia belleza si sabemos mirar sin prejuicios. También insiste en que la muerte llega para todos, sin importar el poder o el conocimiento que hayamos acumulado. Nos aconseja centrarnos en lo que realmente importa, sin dejarnos distraer por las opiniones o acciones de los demás. Finalmente, resalta la importancia de la virtud y el autocontrol, advirtiendo sobre los peligros de darle demasiada importancia a lo externo.

Lo esencial

Lo que Marco Aurelio quiere que entiendas es que tu tiempo es limitado, tanto por la muerte como por el deterioro de tu propia mente. No malgastes tu vida preocupándote por cosas sin importancia o buscando la aprobación de otros. La verdadera belleza y el verdadero valor están en vivir de acuerdo con la razón y la virtud, sin dejarse dominar por deseos superficiales. Lo que define tu vida no es lo que tienes o cómo te ven los demás, sino la calidad de tus pensamientos y acciones.

Aplicación práctica

- **Haz hoy algo que importe:** Antes de perder media tarde en cualquier tontería, pregúntate: «¿Esto me acerca o me aleja de lo que realmente quiero?». Si no aporta, fuera..
- **Deja de compararte:** Cada vez que te entre ansiedad por lo que opinen los demás, recuérdate esto: quien hoy te critica, mañana no se acordará de ti. Tú céntrate en lo tuyo y sigue adelante.
- **Simplifica tu día:** Si notas que algo te supera, vuelve a lo básico. Pregúntate qué es lo peor que puede pasar, y verás que casi nunca es tan grave.
- **No esperes aprobación:** La gente cambia de opinión cada cinco minutos, así que céntrate en hacer bien las cosas sin buscar aplausos.

- **Tú llevas las riendas:** Cuando algo externo te saque de quicio, detente un segundo y piensa: *«¿Realmente vale la pena dejar que esto me afecte?»*. Si la respuesta es no, pasa página rápido.
- **Elige lo que realmente importa:** Si encuentras algo mejor que la justicia, la templanza y la razón, síguelo. Si no, no permitas que lo superficial te distraiga de lo esencial.

Libro IV

1. La mente de una persona que está bien entrenada y en calma siempre encuentra la manera de adaptarse a lo que sucede. Si algo no sale como esperaba, no se frustra, sino que simplemente cambia de rumbo y sigue adelante. No se aferra con desesperación a un solo resultado. Más bien, cualquier cosa que ocurra, la toma y la convierte en su nueva meta. Es como el fuego: un fuego pequeño puede apagarse con cualquier obstáculo, pero un gran fuego lo consume todo y, en lugar de debilitarse, crece con cada cosa que cae en él.

2. No hagas nada de forma impulsiva o sin pensar. Actúa siempre con precisión y propósito, como si estuvieras siguiendo una técnica bien perfeccionada.

3. Muchas personas sueñan con escapar de su vida cotidiana y buscan refugios en el campo, en la playa o en las montañas. Incluso tú has sentido ese deseo de alejarte de todo. Pero eso es solo una ilusión. No necesitas viajar a ningún lado para encontrar paz. En cualquier momento, puedes retirarte dentro de ti mismo y encontrar tranquilidad. No hay mejor refugio que tu propia mente, especialmente si la has llenado de pensamientos sabios y serenos.

Cada vez que sientas que el mundo te abruma, date un momento para volver a ti mismo. Recuerda algunas verdades fundamentales que te ayuden a despejar la mente y a aceptar lo que venga con calma. Pregúntate: ¿Por qué me molesta esto? ¿Por la maldad de los demás? Pero si los seres humanos estamos hechos para ayudarnos, y la justicia implica comprender que a veces la gente se equivoca sin querer. Además, piensa cuántos de los que en su día odiaban, peleaban o guardaban rencor, ya han muerto y no son más que polvo. ¿De verdad vale la pena seguir ese camino?

¿O tal vez te molesta el destino que te ha tocado? Pero si todo lo que pasa es parte del orden del universo. Ya sea que creas en un plan divino o en el azar, nada de lo que sucede está fuera de la naturaleza de las cosas.

¿Tienes miedo por tu cuerpo? Recuerda que tu mente es independiente de todo eso. Mientras mantengas el control sobre tu interior, el dolor y el placer no tienen poder sobre ti.

¿Te preocupa lo que los demás piensen de ti? Pero si todo se olvida rápido. La fama dura poco, la opinión de la gente cambia constantemente, y el mundo en sí es minúsculo. ¿Quién se acordará de ti dentro de cien años? ¿Y quiénes serán esas personas? ¿Por qué darles tanto poder sobre tu vida?

Así que acostúmbrate a este ejercicio: retírate dentro de ti mismo y recuerda estas verdades. No dejes que el ruido del mundo te arrastre. Vive con claridad, como alguien que busca la virtud, que es parte de una comunidad, que es humano y mortal.

Dos cosas debes tener siempre presentes: una, que las cosas en sí mismas no afectan tu alma, solo lo que tú piensas sobre ellas. Y dos, que todo lo que ves ahora pronto cambiará y desaparecerá. Recuerda cuántas transformaciones ya has presenciado. La vida no es más que cambio, y lo que sentimos sobre ella, una cuestión de perspectiva.

4. Si la capacidad de razonar es algo que todos los humanos compartimos, entonces la razón que nos guía también es común a todos. Y si hay una razón compartida, también hay un conjunto de principios que nos dicen qué es correcto y qué no lo es. Y si existe una ley universal, entonces todos somos ciudadanos de la misma comunidad. ¿Y cuál es esa comunidad común a todos los seres humanos? El mundo entero.

De esa comunidad global es de donde viene nuestra capacidad de entender, nuestra razón y nuestras normas. Todo lo que tenemos proviene de algo mayor: nuestro cuerpo viene de la tierra, nuestra respiración del aire, nuestra calidez del fuego… y nuestro entendimiento, de esa fuente común que nos une a todos.

5. Nacer y morir son parte del mismo proceso natural. La muerte no es más que la disolución de los elementos de los que estamos hechos, un paso más en el ciclo de la naturaleza. No hay nada vergonzoso en ello, ni es algo que deba asustarnos. Es simplemente uno más de los acontecimientos inevitables en la vida de cualquier ser humano.

6. Hay cosas que simplemente tienen que pasar porque así funcionan las cosas. Pretender que algo no ocurra es como querer que una higuera crezca sin agua. Así que, cuando algo no salga como quieres, acuérdate de esto: dentro de muy poco, tú y todos los demás habrán desaparecido, y más adelante, ni siquiera quedará rastro de nuestros nombres.

7. Si dejas de lado lo que opinas sobre una situación, verás que nadie puede hacerte daño de verdad. El problema no está en lo que pasa, sino en cómo lo interpretamos. Y si algo no te convierte en una peor persona, entonces no puede hacerte daño ni por

dentro ni por fuera. Las cosas son como son porque así funciona la vida, y punto.

8. Todo lo que ocurre en el mundo pasa por una razón, y si prestas atención, te darás cuenta. No solo porque las cosas suceden en un orden inevitable, sino porque hay justicia en ello, como si todo tuviera la medida exacta que le corresponde. Así que, sigue observando el mundo con esta actitud. Y lo más importante: hagas lo que hagas, asegúrate de que sea algo digno de una buena persona.

9. No pienses como la persona que te hace daño quiere que pienses. En lugar de eso, mira los hechos como son realmente. No te dejes arrastrar por la versión de los demás.

10. Ten siempre presentes dos reglas. Primero, no hagas nada que no esté alineado con tu razón y con lo que es bueno para los demás. Segundo, si alguien te demuestra que estás equivocado, cambia de opinión sin miedo. Pero hazlo porque has entendido algo nuevo y justo, no por querer quedar bien o ganar puntos con alguien.

11. ¿Tienes razón y sentido común? Sí. Entonces, ¿por qué no los usas? Si ya tienes la herramienta para actuar bien, ¿qué más necesitas?

12. Hasta ahora has vivido como una parte separada del todo, pero pronto regresarás a la fuente de la que viniste. Es como el incienso que se quema en un altar: algunos granos se consumen primero, otros después, pero todos terminan igual.

13. En pocos días, la gente te tratará como a un dios si sigues tu razón y tus principios. Pero si los abandonas, no serás más que un animal cualquiera.

14. No vivas como si tuvieras miles de años por delante. La muerte está a un paso. Mientras estés aquí, sé bueno.

15. La persona que no se preocupa por lo que otros dicen o hacen, sino solo por hacer lo correcto, ahorra muchísimo tiempo y energía. No te distraigas con lo que hacen los demás; sigue tu camino sin desviarte.

16. Quien busca fama después de morir no se da cuenta de lo absurdo que es. ¿De qué sirve que te recuerden si todos los que te recuerdan también van a morir? Y aunque la memoria de tu nombre fuera eterna, ¿qué importancia tendría para ti cuando ya no estés? Lo que vale no es lo que otros piensen de ti, sino lo que eres en realidad. Algo bueno lo es por sí mismo, no porque alguien lo elogie. ¿Acaso un diamante deja de ser valioso si nadie lo admira? Lo mismo pasa con la virtud.

17. Hay quienes dudan de que las almas sobrevivan a la muerte y dicen: "Si fuera cierto, ¿cómo habría espacio para tantas en el aire?" Bueno, yo les pregunto: ¿cómo ha habido espacio en la tierra para enterrar a todos los cuerpos desde el principio de los tiempos? Lo mismo que pasa con los cuerpos, que se descomponen y se transforman en otra cosa, pasa con las almas. Se integran de nuevo en la gran inteligencia universal de donde vinieron, dejando espacio para otras.

18. No te pierdas en distracciones. Antes de hacer algo, pregúntate: "¿Esto es justo?". Y asegúrate de ver las cosas tal como son, sin distorsionarlas con ideas falsas.

19. Lo que es bueno para el mundo, lo es para mí. Nada de lo que ocurre en el momento adecuado para el universo puede estar fuera de lugar para mí. Así que, acepte lo que venga como un fruto maduro en su tiempo[15]. Alguien dijo de Atenas: "Oh, mi amada ciudad de Cecrops". ¿No podemos decir nosotros lo mismo del mundo entero? "Oh, mi amada ciudad de Dios".

20. Se suele decir: "No te metas en muchas cosas si quieres vivir tranquilo". Y es verdad. Nada mejor que concentrarse solo en lo que realmente importa. Si te limitas a lo necesario, ganarás paz. Muchas de las cosas que hacemos y decimos no son realmente necesarias. Si las eliminas, tendrás más tiempo y menos preocupaciones. Así que, antes de actuar, pregúntate: "¿Es esto realmente necesario?". Y no solo con lo que haces, sino también con lo que piensas. Porque si limpias tu mente de distracciones inútiles, también reducirás las acciones innecesarias.

21. Prueba a vivir como un buen hombre. Alguien que acepta con serenidad lo que le toca en la vida y que encuentra satisfacción en actuar con justicia y rectitud en el presente, sin obsesionarse con el futuro. Ya conoces el otro estilo de vida, el de la queja y la preocupación constante. Ahora intenta este otro camino.

Si alguien te hace daño, en realidad se lo hace a sí mismo. ¿Por qué te va a afectar a ti? Si algo te pasa, recíbelo con calma. Lo que sea que te ocurra es parte del curso natural de las cosas y estaba destinado a suceder desde el principio.

En resumen: la vida es corta. Aprovecha el presente con inteligencia y justicia. Y cuando te diviertas, hazlo con moderación.

22. Mira el mundo a tu alrededor. O es un lugar ordenado y armonioso, guiado por leyes naturales, o incluso en su aparente caos sigue teniendo su belleza y lógica. Piensa en ti mismo: ¿acaso no hay cierto orden en tu propia existencia? ¿Cómo podría haberlo en ti y no en el universo entero?

Todo está conectado, todo tiene su razón de ser.

23. Hay muchos tipos de personalidades dañinas: la persona resentida, la cobarde, la cruel, la tramposa, la infantil, la falsa, la tiránica… Ahora bien, si alguien que no entiende cómo funciona el mundo es un ignorante, ¿no lo es también aquel que se sorprende de que las cosas pasen tal y como pasan?

24. El verdadero fugitivo es quien huye de la razón. El verdadero ciego es el que no quiere ver con la mente. El verdadero pobre es aquel que depende de los demás para todo y no es autosuficiente.

Y aquel que se resiste a aceptar lo que le ocurre en la vida, como si el universo estuviera en su contra, es como una célula enferma en el cuerpo: no está cumpliendo su función y se aparta de la naturaleza. Lo mismo con quien actúa de manera irracional: está yendo en contra de la armonía de la vida en común.

25. Hay quienes, sin casi ropa ni comida, viven de acuerdo con la filosofía. Uno podría decir: "Estoy desnudo y hambriento, pero sigo siendo fiel a la razón". Y yo digo: "Tal vez me falten libros y educación, pero sigo siendo fiel a la razón".

26. Sea cual sea tu oficio o tu arte, hazlo con amor. Encuentra satisfacción en él. Y vive el resto de tu vida confiando en los dioses y sin ser ni un tirano ni un esclavo de nadie.

27. Piensa en los tiempos de Vespasiano. La gente hacía lo mismo que ahora: unos se casaban, otros criaban hijos, enfermaban, morían, peleaban, celebraban, compraban, vendían, sembraban, adulaban, presumían, sospechaban, conspiraban, se angustiaban, se enojaban con su destino, acumulaban riquezas, buscaban cargos o incluso el trono. Y al final, ¿qué pasó con todos ellos? Se fueron, como se irá nuestra generación también.

Haz lo mismo con otras épocas. Verás que todo se repite: personas entregadas en cuerpo y alma a cosas mundanas, solo para desvanecerse en el tiempo. Recuerda a quienes en vida conociste obsesionados con tonterías, descuidando lo que realmente importaba.

Por eso, ajusta tu esfuerzo al valor real de cada cosa. No te desgastes en lo trivial más de lo necesario.

28. Las palabras que antes eran comunes, hoy ya nadie las usa. Los nombres que en su tiempo fueron famosos, ahora apenas se recuerdan. Camilo[16], Ceso[17], Volesio[18], Leónidas[19]... Luego, Escipión[20], Catón[21], Augusto[41], Adriano[22], Antonino Pío[23]. Todos grandes en su época, pero ahora... nombres perdidos en la historia.

Si eso pasa con los más famosos, ¿qué nos espera al resto? La fama es puro humo.

Así que, ¿en qué vale la pena enfocarse? Solo en esto: que nuestra mente sea justa, nuestras acciones generosas, nuestras palabras sinceras y nuestra voluntad alineada con el curso natural de las cosas.

Entrégate sin resistencia al destino. Déjate llevar por la corriente del universo, porque de ahí venimos todos y hacia ahí volvemos.

29. Todo lo que ves ahora, todo lo que recuerdas y hasta los recuerdos mismos, están en constante cambio. Nada se queda quieto. Así funciona el universo: le encanta transformar lo que existe en algo nuevo.

Piensa en esto: cada cosa que ves es solo la semilla de lo que vendrá después. Si crees que solo son semillas las que siembras en la tierra o las que crecen en un vientre, te estás quedando corto. Todo es una semilla de lo que viene después.

30. Has vivido mucho, y, sin embargo, aún no has logrado esa tranquilidad total. Todavía te preocupas, todavía te dejas afectar por lo que pasa afuera, todavía tienes miedos y dudas. Tampoco has alcanzado esa paz con los demás, esa actitud de alguien que ha entendido que lo único que realmente importa es actuar con justicia.

¿Ves lo absurdo? Estás a punto de morir y todavía te preocupas por cosas que no importan.

31. Mira a la gente que el mundo considera sabia. Observa qué cosas temen, de qué huyen y qué es lo que persiguen con tanto esfuerzo. Analiza sus preocupaciones y deseos. Y entonces pregúntate: ¿de verdad son tan sabios?

32. Nada malo que te pase puede existir en la mente de otra persona. Tampoco en tu cuerpo, que al final no es más que la cáscara que transporta tu alma.

Entonces, ¿dónde puede existir algo malo? Solo en tu percepción de las cosas. Si decides no verlo como algo malo, entonces desaparece.

Por eso, aunque te corten, te quemen o tu cuerpo enferme, tu mente puede seguir en calma. Porque todo lo que le ocurre tanto al hombre bueno como al malo no es ni bueno ni malo en sí mismo. Lo que nos pasa no es bueno ni malo. Lo que importa es cómo lo interpretamos.

33. Piensa en el mundo como un solo ser vivo, con una sola alma. Todo lo que ocurre es parte de un mismo movimiento, como si fuera un gran organismo que respira y actúa en conjunto.

Todo lo que existe depende de lo demás. Nada está aislado. Todo lo que pasa está conectado por una cadena de causas y efectos.

34. ¿Quién eres realmente, aparte de tu mente y tu alma? Si quitas eso, no eres más que lo que decía Epicteto: una pobre alma obligada a cargar un cadáver de un lado a otro.

35. Cambiar no es malo. Como tampoco es un mérito existir solo porque algo cambió y te trajo al mundo.

Piensa en el tiempo como un río que nunca deja de fluir. Todo lo que ves es como la corriente del agua: aparece, pasa y desaparece en un instante. Justo cuando algo ha sucedido, ya está en camino lo siguiente, y así sin parar.

36. Todo lo que pasa en la vida es tan natural como que florezcan las rosas en primavera o que maduren los frutos en verano.

La enfermedad, la muerte, los bulos, las mentiras... todas esas cosas que parecen grandes problemas, en realidad son parte del curso natural de las cosas, igual que lo bueno.

Cada acontecimiento no es algo aislado, sino parte de una cadena perfectamente conectada. No es solo que una cosa ocurra después de otra: hay un equilibrio, una armonía en todo lo que sucede. Nada es por azar.

37. Recuerda lo que decía Heráclito: la tierra se convierte en agua, el agua en aire, el aire en fuego... y el ciclo sigue. Todo cambia constantemente.

También piensa en aquel que no tenía ni idea de a dónde iba, y en cómo la lógica que gobierna el mundo está presente en todo, aunque los humanos sigamos actuando como si fuéramos ajenos a ella.

Nos sorprendemos por cosas que pasan todos los días. Hablamos y actuamos como si estuviéramos dormidos, sin pensar realmente en lo que hacemos. Como niños que solo repiten lo que ven hacer a sus padres sin entender por qué.

No vivas así. Piensa. No hagas las cosas solo porque "así se han hecho siempre".

38. Si un dios te dijera: "Vas a morir mañana o pasado", no serías tan cobarde como para decir "¡Oh, qué suerte si muero pasado mañana en lugar de mañana!". Porque al final, ¿qué diferencia hay?

Entonces, ¿por qué ver como algo tan importante el hecho de morir en veinte años en lugar de mañana? ¿Realmente importa?

39. Piensa en esto constantemente: ¿cuántos médicos que solían mirarte con cara seria, frunciendo el ceño como si fueran dueños de la vida y la muerte, ya están muertos ellos mismos?

¿Y cuántos astrólogos, que con gran seguridad predecían la muerte de otros, ya no están aquí? ¿Cuántos filósofos que escribieron enormes libros sobre la vida y la muerte, ya desaparecieron? ¿Cuántos generales, después de matar a tantos en el campo de batalla, encontraron ellos mismos su final?

¿Y qué decir de los reyes y tiranos que abusaron de su poder como si fueran inmortales? También murieron. ¿Ciudades enteras? Desaparecieron sin dejar rastro. Piensa en Helice, Pompeya, Herculano… Y tantas otras que ya nadie recuerda.

Ahora repasa en tu memoria a todas las personas que conociste y que han ido desapareciendo con el tiempo. Ese que organizó el funeral de otro, poco después fue enterrado también. Uno tras otro, todos se van.

La clave está en ver las cosas como lo que realmente son: pasajeras. Nada dura. Y en cuanto a su valor, la mayoría de las cosas del mundo son triviales, insignificantes.

Mira al ser humano: ayer mismo era solo un poco de fluido inmundo y, en unos días, será un cadáver embalsamado o un puñado de cenizas.

Así es la vida: un instante. Acéptalo con calma y sin resistencia. Como una aceituna madura que cae del árbol y agradece tanto a la tierra que la acogió como al árbol que la vio crecer.

40. Tienes que ser como un acantilado frente al mar: las olas pueden golpearlo una y otra vez, pero él sigue en pie, firme, inamovible.

Y lo mejor es que, a su alrededor, el agua que chocaba contra él termina calmándose.

41. "¡Pobre de mí, qué desgracia me ha ocurrido!"

No. Mejor di: "¡Qué afortunado soy! Porque a pesar de lo que me ha pasado, sigo en pie, sin hundirme en la tristeza. No me he roto por lo que ya pasó, ni me aterra lo que pueda venir".

Porque lo que te ha ocurrido podría haberle pasado a cualquiera, pero no cualquiera habría sido capaz de afrontarlo con serenidad.

Entonces, ¿por qué verlo como una tragedia y no como una prueba de tu fortaleza?

Pero además, piénsalo: ¿de verdad puedes llamar "desgracia" a algo que no va en contra de la naturaleza humana? ¿Algo que no impide que sigas siendo justo, valiente, sabio, honesto, libre y equilibrado?

Si lo que te pasó no te quita ninguna de esas virtudes, entonces no es un mal. Pero soportarlo con dignidad, eso sí que es una gran victoria.

Cuando la tristeza te golpee, recuérdalo: lo que te pasó no es ni bueno ni malo. Lo que importa es cómo lo enfrentas.

42. Aquí tienes un truco simple pero efectivo para perderle el miedo a la muerte:

Piensa en todas esas personas que vivieron durante años aferradas a la vida, tratando de exprimir hasta el último segundo. ¿Qué ganaron al final? ¿Vivieron más que aquellos que murieron jóvenes? No. Porque ellos también murieron.

Mira a los que enterraron a muchos antes de ser enterrados ellos mismos: Cadiciano, Fabio, Juliano, Lépido[24]… ¿De qué les sirvió haber sobrevivido más tiempo?

La vida de cualquier persona es corta. Y además de ser corta, está llena de preocupaciones, enfermedades y problemas.

Entonces, ¿qué más da si vives tres días o tres siglos? Cuando miras el tiempo en su conjunto, tu existencia es solo un punto diminuto en un océano infinito.

43. Siempre elige el camino más simple.

El más simple es el que sigue la naturaleza: hacer lo correcto, hablar con verdad y actuar con coherencia.

Si adoptas esta forma de vida, te ahorrarás muchos problemas: no tendrás que fingir, ni pelear sin sentido, ni preocuparte por aparentar.

Resumen del Libro:

Marco Aurelio nos deja varias enseñanzas clave en este fragmento. Primero, nos habla de la importancia de adaptarnos a lo que sucede en lugar de resistirnos. Luego, insiste en la necesidad de actuar con calma y propósito, sin dejarnos llevar por impulsos. También menciona que la paz no se encuentra escapando a otro lugar, sino dentro de nosotros mismos. Nos recuerda que las cosas externas no nos afectan realmente, solo lo que pensamos sobre ellas, y que todo es parte del orden natural del universo. Además, enfatiza la importancia de vivir según la razón y la virtud, sin distraernos con la opinión de los demás ni con lo innecesario. Finalmente, nos invita a aceptar la vida como es, sin quejas ni resistencia, y a centrarnos en hacer el bien mientras estamos aquí.

Lo esencial:

Lo que Marco Aurelio quiere que entiendas es que la vida está en constante cambio y que el sufrimiento no proviene de los eventos en sí, sino de cómo los interpretamos. Si entrenas tu mente para adaptarse, si aprendes a encontrar la paz dentro de ti y te concentras en vivir con justicia y razón, nada podrá realmente afectarte. No pierdas tiempo en cosas innecesarias, en buscar la aprobación de otros o en lamentarte por lo que no puedes controlar. Vive con claridad, con propósito y con serenidad.

Aplicación práctica:

- Cuando algo no salga como esperas, en lugar de frustrarte, pregúntate: "¿Cómo puedo aprovechar esto?". Haz como el fuego grande que consume todo lo que cae en él y se vuelve más fuerte.

- La próxima vez que sientas que necesitas escapar de tu rutina, prueba en su lugar a encontrar tranquilidad dentro de ti. Reflexiona, respira y busca la calma en tu propia mente.
- Antes de reaccionar impulsivamente ante algo que te moleste, detente un segundo. Pregúntate si realmente vale la pena alterarte y cómo puedes responder de una forma más sabia.
- Cuando te sientas atrapado en la opinión de los demás, recuerda que en cien años nadie se acordará. ¿Realmente importa tanto?
- Si dudas sobre qué hacer en un momento dado, hazte esta pregunta: "¿Es justo? ¿Es razonable?". Si la respuesta es sí, sigue adelante sin miedo.
- Reduce las distracciones. Pregúntate más a menudo si lo que estás haciendo o pensando es realmente necesario.
- Acepta la vida tal como es, con sus cambios y altibajos. En lugar de quejarte, intenta sacar lo mejor de cada situación.

Libro V

1. Cuando te despiertes por la mañana y no tengas ganas de levantarte, pregúntate:

¿Para qué estoy aquí?

¿Para quedarme en la cama calentito, envuelto en las sábanas? ¿O para hacer lo que he venido a hacer en este mundo?

"Pero es que es tan cómodo..."

¿De verdad crees que naciste solo para estar cómodo? No, naciste para moverte, para actuar, para hacer cosas.

Mira a tu alrededor: los árboles crecen, los pájaros buscan comida, las hormigas trabajan sin parar, las abejas construyen sus panales... Todo en la naturaleza cumple su función. Y tú, ¿vas a ser la excepción?

"Pero necesito descansar..."

Claro, el descanso es necesario, igual que comer o beber. Pero ¿cuánto descanso necesitas realmente? Lo justo. Porque en cambio, en lo que se refiere a actuar y hacer lo que debes, ahí te quedas corto.

Si de verdad te quisieras a ti mismo, respetarías tu naturaleza, y harías lo que fuiste hecho para hacer.

Mira a los que aman su trabajo: algunos se olvidan de comer o dormir porque les apasiona lo que hacen. ¿Y tú? ¿Vas a honrar menos tu propósito en la vida que un carpintero su oficio? ¿Menos que un bailarín su arte? ¿Menos que un avaro su dinero o un egocéntrico su fama?

Si hay gente capaz de sacrificar su descanso por cosas triviales, ¿cómo no vas a darlo todo por algo tan importante como contribuir al bien común?

2. Es increíble lo fácil que es alcanzar la paz interior. Basta con quitar de tu mente todas esas preocupaciones inútiles que te alteran.

En cuanto dejes de aferrarte a esas ideas que te inquietan, sentirás una calma absoluta.

3. Si tienes que decir o hacer algo que es correcto, hazlo sin miedo. No dejes que la opinión de los demás te detenga.

Si es lo justo, si es lo honesto, ¿por qué deberías frenarte? No te des tan poco valor.

Los demás tienen sus propias ideas, su forma de pensar y su manera de actuar. Déjalos con lo suyo. Tú sigue tu camino, guiado por tu razón y por lo que es correcto.

Y no olvides que, en el fondo, el camino correcto es el mismo para todos.

4. Seguiré cumpliendo mi propósito hasta que llegue mi hora. Y cuando mi último aliento se mezcle con el aire que me ha dado vida todo este tiempo, cuando mi cuerpo caiga en la tierra que me ha alimentado desde siempre, lo haré en paz.

De la tierra vino el alimento que nutrió a mis padres, la sangre de mi madre, la leche que me hizo crecer.

Toda mi vida he tomado de la tierra, he caminado sobre ella, he abusado de ella y he disfrutado de ella. Y cuando muera, simplemente volveré a ella.

5. Puede que no seas brillante con las palabras, que no tengas talento para hablar con elegancia.

Bien, ¿y qué? Hay muchas otras virtudes que no dependen del talento, sino de ti mismo.

Muestra sinceridad. Sé firme. Trabaja duro. No te dejes llevar por los placeres superficiales. No te quejes por todo. Aprende a estar bien con poco. Sé generoso, libre de egoísmo. Evita lo innecesario. No hables por hablar. Ten grandeza de espíritu.

¿Te das cuenta de cuántas cosas podrías haber hecho ya? Pero en lugar de eso, sigues dejándote llevar.

Y no, no puedes echarle la culpa a tu "naturaleza". ¿De verdad crees que nacer así te obliga a quejarte todo el tiempo, a ser cobarde, a adular a los demás, a buscar siempre complacer a tu cuerpo, a ser arrogante o a vivir con la mente dispersa?

No. Todas esas cosas podrías haberlas dejado atrás hace tiempo.

Tu único defecto natural, si acaso, es que eres algo lento para ciertas cosas. Acéptalo, pero no uses eso como excusa.

6. Hay personas que, cuando hacen un favor, lo recuerdan siempre y esperan que les devuelvan el gesto.

Otros, aunque no exijan nada a cambio, siguen pensando que la otra persona les debe algo.

Y luego están los que hacen el bien sin pensarlo dos veces, como una vid que da uvas sin esperar nada a cambio.

¿Has visto alguna vez a un caballo reclamar reconocimiento por haber corrido bien? ¿O a un perro de caza exigir aplausos después de atrapar a su presa? ¿O a una abeja pedir agradecimiento por fabricar miel?

El hombre que entiende su propia naturaleza actúa igual. Hace lo correcto y sigue adelante. Porque hacer el bien es suficiente recompensa en sí misma.

Algunos dirán:

"Pero el ser humano es racional, debe ser consciente de lo que hace y de su impacto en los demás".

Sí, es cierto. Pero eso no significa que tengas que hacer el bien esperando reconocimiento. Si piensas así, en el fondo sigues en la categoría de los que esperan algo a cambio.

Haz lo que es justo porque es lo correcto, no porque te lo reconozcan.

7. Los atenienses solían rezar así:

"Oh Zeus, haz que llueva sobre los campos y tierras de los atenienses."

Ese es el tipo de oración que tiene sentido. Pedir por el bien de todos, no solo por el propio.

Si vas a pedir algo a los dioses, que no sea solo para ti.

8. Piensa en cómo los médicos recetan cosas distintas a diferentes personas: a uno le dicen que monte a caballo, a otro que tome baños fríos, a otro que camine descalzo. Pues bien, de la misma manera, la lógica del universo "receta" a algunos la enfermedad, a otros la pérdida de algo querido, a otros problemas o dificultades. Y así como el médico no receta cosas por capricho, sino porque ayudan al paciente a sanar, todo lo que nos pasa en la vida tiene un propósito dentro del orden del mundo.

Mira cómo encajan las piezas en una pared de piedra o en una pirámide: cada una tiene su lugar y su función. Pues lo mismo pasa con todo lo que ocurre en el universo, aunque a veces no lo entendamos. Lo llamamos "destino", pero en realidad es solo la forma en que todas las cosas encajan entre sí.

Incluso la gente que no tiene ni idea de filosofía lo dice sin darse cuenta: "Eso es lo que le tocaba", "Así es la vida". Si aceptamos lo que nos receta un médico aunque sea amargo porque sabemos que es por nuestro bien, ¿por qué no aceptar lo que nos toca en la vida de la misma manera?

El universo funciona como un todo, y cada pieza es necesaria para su equilibrio. Así que cuando algo te pase, recuerda esto: primero, eso que te ha ocurrido estaba destinado para ti desde el principio; segundo, el bienestar del universo depende de que cada parte cumpla su papel. Si rechazas lo que te ocurre, es como si estuvieras intentando arrancar una pieza del engranaje de la realidad. ¿No sería absurdo?

9. No te desesperes ni te desanimes si a veces te cuesta seguir los principios que consideras correctos. Nadie es perfecto. Lo importante es que, cuando te desvíes, vuelvas al buen camino sin rendirte.

Y sí, claro que habrá distracciones y debilidades, porque eres humano. No te enfades contigo mismo por eso. Lo único que debes hacer es amar el camino al que siempre vuelves: la vida guiada por la razón y la virtud.

Pero ojo, no vuelvas a la filosofía como un niño que regresa a regañadientes con su maestro después de jugar, sino como alguien que busca alivio. Como el que tiene los ojos irritados y se pone un paño frío, o como el que tiene una herida y se aplica un ungüento. La filosofía no es una obligación, sino una necesidad.

Además, la filosofía solo te pide lo que ya es natural en ti. Pregúntate: ¿quiero algo que vaya en contra de mi propia naturaleza? Porque lo que es natural es lo que realmente nos hace sentir bien. ¿No es por eso que mucha gente se pierde en los placeres, porque cree que es lo más natural y agradable? Pero si lo piensas bien, ¿no son la grandeza de espíritu, la libertad verdadera, la sencillez, la calma y la justicia mucho más naturales y satisfactorias?

Fíjate también en lo poco que realmente entendemos del mundo. Incluso grandes filósofos han admitido que muchas cosas son incomprensibles. ¿Y si todo lo que creemos saber no es más que una ilusión?

Mira las cosas que la gente ambiciona: dinero, fama, poder... ¿Te has dado cuenta de que pueden estar en manos de cualquier persona, incluso de alguien sin escrúpulos? ¿Realmente vale la pena perseguir algo así?

Y luego está la gente con la que convivimos. A veces ni siquiera soportamos a nuestros seres queridos, y mucho menos a desconocidos. De hecho, ¡a veces ni siquiera nos soportamos a nosotros mismos! Así que en este caos de opiniones, cambios constantes y cosas pasajeras, ¿qué sentido tiene obsesionarnos con algo?

10. No te angusties por la idea de la muerte, pero tampoco te impacientes esperándola. Vive con calma sabiendo dos cosas:

1. Nada te pasará que no forme parte del orden natural del universo.
2. Nadie puede obligarte a actuar en contra de tu propia conciencia.

Piensa en esto: por más que alguien quiera, no puede hacer que vayas en contra de lo que en el fondo sabes que es correcto.

11. Pregúntate a cada momento: ¿qué estoy haciendo con mi mente ahora mismo?

Revísalo como si te preguntaras de qué humor estás. ¿Estoy pensando como un niño caprichoso? ¿Como un adolescente inmaduro? ¿Como una persona sabia? ¿Como un tirano? ¿Como un animal llevado por instintos?

Tu mente es lo único que realmente posees. ¿En qué estado la tienes ahora?

12. Piensa en lo que la mayoría de la gente considera "cosas buenas". Si alguien menciona cualidades como sabiduría, justicia, fortaleza o autocontrol, no hay más que decir: sabemos que esas cosas son buenas sin discusión.

Pero si alguien dice que la riqueza, el placer o la fama son "buenos", la gente quiere escuchar más. Se quedan esperando que lo expliques. Eso ya dice mucho, ¿no crees?

Mira las comedias y las burlas populares. ¿No se ríen de la gente con mucho dinero que, a pesar de su fortuna, no tiene ni un rincón donde estar en paz? ¿No es curioso que nos riamos de aquellos que lo tienen "todo" pero no son felices?

Quizás eso significa que lo que realmente es bueno no son esas cosas externas, sino algo mucho más profundo.

13. Todo lo que soy está hecho de dos cosas: forma y materia. Ninguna de las dos puede convertirse en nada, porque tampoco salí de la nada. Entonces, cada parte de mí cambiará y pasará a formar parte del mundo de otra manera, y luego cambiará de nuevo, y así hasta el infinito. Es por eso que existo ahora: porque antes hubo cambios que llevaron a mi existencia, y lo mismo pasó con quienes me dieron la vida, y así hacia atrás sin fin. Aunque el tiempo del mundo esté limitado y tenga un principio y un final, podemos hablar así porque todo sigue transformándose una y otra vez.

14. La razón y el poder de pensar por nosotros mismos son habilidades que funcionan por sí solas y no dependen de nada externo. Se mueven por su propia voluntad y avanzan hacia lo que tienen delante, hacia lo que pueden lograr, sea o no lo que al

principio se habían propuesto. Por eso, a esas acciones se las llama "aciertos" porque siguen un camino directo y claro.

No debemos creer que algo nos pertenece si no tiene que ver con nuestra esencia como seres humanos. Los resultados de lo que hacemos no son parte de lo que somos. Nuestra naturaleza no promete resultados. Los finales o éxitos de nuestras acciones no definen nuestra naturaleza. Entonces, el objetivo de una persona y su mayor bien no pueden depender de si logra lo que se propone o no.

Si las cosas externas fueran esenciales para nosotros, entonces no tendría sentido rechazarlas o vivir bien sin ellas. Pero lo curioso es que, cuanto más se aleja alguien de esas cosas superficiales o mejor sobrelleva la falta de ellas, más se le valora como persona.

15. Tus pensamientos habituales moldean tu mente con el tiempo. La mente absorbe lo que piensas y lo convierte en parte de ti. Por eso, debes empaparla constantemente de pensamientos útiles. Por ejemplo, no importa dónde vivas, siempre puedes elegir vivir bien y ser feliz. Si vives en la corte (rodeado de lujos o poder), también puedes vivir bien y ser feliz ahí.

Todo lo que existe está hecho para algo y se siente naturalmente atraído hacia ese propósito. Lo que busca naturalmente es su fin, y su bien está en alcanzarlo. Para un ser racional, ese fin es vivir en armonía con los demás, porque estamos hechos para vivir en sociedad.

¿Alguien puede dudar de que lo inferior está hecho para servir a lo superior? ¿O de que las cosas mejores existen para ayudarse mutuamente? ¿O de que los seres vivos son superiores a las cosas sin vida, y los seres racionales son los más valiosos de todos?

16. Desear lo imposible es estar fuera de la realidad. Y es imposible que alguien malo no haga cosas malas. Además, nada le pasa a nadie que no esté en su naturaleza.

Si otras personas pueden soportar sus problemas porque no son conscientes de ellos o porque quieren parecer fuertes, ¿no es absurdo que la ignorancia o el deseo de quedar bien sean más fuertes que la verdadera sabiduría?

Las cosas externas no tocan tu alma ni pueden afectarla por sí mismas. Solo tú puedes decidir cómo reaccionas a lo que ocurre. Todo depende de las creencias y opiniones que tú mismo te das.

17. En un sentido, las personas son lo más cercano a ti, porque estás obligado a ayudarlas y a soportar sus fallos. Pero si alguien intenta impedir que hagas lo que es correcto, entonces es tan indiferente como el viento o una bestia salvaje. Quizás frustre alguna de tus acciones, pero no puede afectar tu mente ni tus decisiones.

Tu mente siempre tiene el poder de adaptarse a las circunstancias. Puede convertir cualquier obstáculo en una oportunidad, transformando los problemas en el camino mismo hacia tus objetivos.

18. Respeta lo más importante y poderoso en el mundo: aquello que organiza y dirige todo lo que ocurre. Y en ti mismo, honra esa misma fuerza, porque también está dentro de ti. Es la parte de ti que utiliza todo lo demás para lograr sus fines y guía tu vida.

19. Si algo no daña a toda la comunidad, entonces no te daña a ti como individuo. Aplica esta regla siempre que sientas que alguien te ha hecho mal. Si la comunidad no sufre, ¿por qué habrías de sufrir tú solo? En lugar de eso, piensa en el error de quien crees que te ha perjudicado.

También recuerda cuán rápido pasa todo en el mundo. Todo fluye como un río en constante cambio, y casi nada permanece estable. Las causas cambian, las cosas cambian, y todo es temporal.

Piensa en la inmensidad del tiempo pasado y en la eternidad del futuro, en las que todo será olvidado. ¿No es ridículo que te afecten cosas que no importarán nada en el vasto flujo del tiempo?

Considera lo pequeño que eres comparado con el universo entero y lo breve que es tu vida comparada con la eternidad. Si alguien te ofende, es asunto suyo, no tuyo. Tú tienes el control sobre cómo reaccionas, y mientras sigas haciendo lo que dicta tu naturaleza y el orden del universo, todo está bien.

20. No dejes que esa parte de tu mente que toma las decisiones cambie por dolores o placeres del cuerpo. No permitas que se mezcle con ellos. Deja que se mantenga firme por sí misma y que ponga en su sitio esas sensaciones, asignándolas solo a las partes del cuerpo a las que pertenecen.

Si alguna vez esas sensaciones logran llegar hasta tu mente (lo cual puede pasar, ya que cuerpo y mente están conectados), no luches contra el hecho de sentir. Sentir es natural. Pero lo que no debes hacer es añadir una opinión a esa sensación. Es decir, no digas que es "bueno" o "malo". Simplemente siente lo que sientes, sin juzgarlo. Si logras esto, estarás bien pase lo que pase.

21. ¿Quieres vivir en armonía con los dioses? Para los estoicos, eso significa vivir con paz interior y estar contento con todo lo que te pase, aceptando lo que la vida te da sin quejas.

Vivir con los dioses también es cumplir con tu propósito en la vida, haciendo lo que crees que es correcto y viviendo según tus valores. Cada persona tiene una parte divina en su interior, como una voz de conciencia que te guía. Si vives en paz con esa voz, estás viviendo con los dioses.

22. No te enfades con alguien porque tenga mal aliento o porque huela mal. ¿Qué puede hacer él al respecto? Así es su cuerpo, y de ahí vienen esos olores.

Tal vez pienses: "Sí, pero él tiene cerebro y debería darse cuenta de que molesta a los demás". Bueno, tú también tienes cerebro, ¿verdad? Entonces, usa tu razón para hablarle con respeto. Explícale el problema sin enfadarte. Si te escucha, lo habrás ayudado, y no tendrás más motivos para molestarte.

23. Si te quejas de tu entorno porque hay personas groseras o situaciones incómodas, recuerda esto: si estuvieras en un lugar perfecto, sin ruidos ni molestias, vivirías tranquilo, ¿verdad? Bueno, entonces ¿por qué no vivir igual aquí y ahora?

Si las cosas te molestan tanto que no puedes soportarlas, siempre puedes irte. Pero si decides quedarte, entonces vive libre y en paz, sin dejar que nada ni nadie te impida ser fiel a tus principios.

24. La razón que gobierna el universo lo hace pensando en el bien de todos. Por eso organizó las cosas de tal manera que lo menos importante sirve a lo más importante, y todo está conectado en armonía.

¿No te das cuenta de cómo todo encaja a la perfección? Cada cosa tiene su lugar y su valor. Y aquellas que son superiores están unidas entre sí en un acuerdo perfecto. Todo esto forma un equilibrio natural y justo.

25. ¿Cómo te has comportado hasta ahora con tus padres, hermanos, pareja, hijos, jefes, amigos y empleados? ¿Puedes decir con sinceridad que nunca los has dañado con palabras o acciones?

Piensa en todo lo que has pasado y soportado. Has llegado hasta aquí superando muchos desafíos. Has reconocido cosas verdaderamente valiosas, has ignorado placeres superficiales y has pasado por alto dolores sin que te afecten.

¿Recuerdas todas las veces que trataste con amabilidad a personas difíciles y actuaste con sensatez? Todo eso muestra cuánto has crecido y cuán lejos has llegado en tu camino.

26. ¿Por qué dejar que la ignorancia de otras personas te afecte si tú eres más sabio?

Si tú entiendes el sentido de la vida, el principio y el fin de todas las cosas, y sabes que todo está conectado por una razón que nunca cambia, entonces nada de lo que hagan los demás debería perturbarte.

Deja que sus errores sean suyos y no permitas que afecten tu paz interior.

27. En poco tiempo, no serás más que cenizas, huesos o ni siquiera eso, tal vez solo un nombre, y quizás ni siquiera un nombre. ¿Y qué es un nombre? Solo un sonido vacío, un eco que se desvanece.

Todo lo que hoy parece tan importante y valioso es, en realidad, insignificante y pasajero. La fama, el poder, el dinero... nada de eso importa realmente. Si lo piensas bien, son como niños peleando por juguetes o riendo y llorando sin razón.

Entonces, ¿qué sentido tiene preocuparte por cosas tan temporales? En vez de eso, dedica tu vida a adorar a los dioses, hacer el bien a los demás y aceptar todo lo que te ocurra con calma y gratitud.

28. Siempre puedes salir adelante si eliges el camino correcto. Esto significa tomar buenas decisiones y actuar con integridad.

Hay dos cosas que tanto los dioses como las personas racionales tienen en común:

1. Nadie puede impedirte hacer lo correcto.
2. La felicidad viene de vivir con justicia y haciendo el bien.

Si sigues estos principios, estarás en paz contigo mismo y con el universo.

29. Si algo malo no es culpa tuya ni afecta al bien común, ¿por qué debería preocuparte?

No te dejes llevar por las opiniones de los demás. Si algo afecta a otros en cosas mundanas, ayúdales en lo que puedas. Pero recuerda que el verdadero daño no viene de perder cosas materiales, sino de perder la virtud.

Es como cuando un niño llora porque se le ha roto un juguete. El juguete no tiene valor real, y llorar por él no cambia nada. No te tomes demasiado en serio las cosas que en el fondo no importan.

30. No importa cuándo o dónde llegue la muerte, lo importante es estar preparado y en paz.

Un hombre feliz es aquel que, mientras vive, se asegura de tener buenos pensamientos, buenos deseos y buenas acciones.

Si llevas una vida recta, entonces la muerte no será algo a lo que temer, sino simplemente una parte más del ciclo natural de la existencia.

Resumen del Libro:

Marco Aurelio nos da un empujón para empezar el día con propósito. Nos recuerda que no estamos aquí solo para estar cómodos, sino para actuar y hacer lo que debemos. También nos habla sobre la importancia de la paz mental, de hacer lo correcto sin miedo a la opinión ajena y de aceptar nuestro destino sin resistencia. Además, nos invita a hacer el bien sin esperar recompensas y a revisar constantemente en qué estado está nuestra mente.

Lo esencial:

Lo que Marco Aurelio quiere que entiendas es que la vida es acción, no pasividad. La comodidad está bien hasta cierto punto, pero no puede ser la excusa para no hacer lo que tienes que hacer. También insiste en que la clave para la tranquilidad está en dejar de preocuparte por cosas que no controlas y en actuar con justicia sin esperar reconocimiento. Por último, te recuerda que la muerte es parte del orden natural y que lo importante es vivir con integridad.

Aplicación práctica:

- **Levántate con propósito**: Cuando te cueste salir de la cama, pregúntate: "¿Estoy aquí solo para descansar o para hacer algo valioso?" Piensa en lo que puedes aportar cada día.
- **No te dejes atrapar por preocupaciones inútiles**: Si algo no está en tu control, suéltalo. Enfócate en lo que sí puedes cambiar.
- **Haz lo correcto sin miedo**: No dejes que el qué dirán te frene. Si sabes que algo es justo, hazlo y sigue adelante.
- **Acepta la vida como viene**: A veces lo que parece un problema es solo parte del orden natural. Confía en que todo tiene su lugar.
- **Sé generoso sin esperar nada a cambio**: Ayuda porque es lo correcto, no porque quieras reconocimiento.
- **Revisa tu mente**: Pregúntate a lo largo del día en qué estado está tu mente. ¿Estás pensando con claridad o dejándote llevar por impulsos y preocupaciones?

Libro VI

1. El universo está hecho de una materia que es muy flexible y manejable. La lógica que gobierna todo esto no tiene maldad en sí misma ni motivo para hacer nada malo. No puede hacer daño ni ser dañada. Todo lo que sucede, sucede porque así lo ha decidido.

2. Da igual si tienes frío o calor, si estás medio dormido o completamente descansado, si la gente te critica o te elogia. Lo importante es que hagas lo que te toca hacer. Y esto también incluye morir, porque morir no es más que otra tarea que eventualmente todos tendremos que cumplir.

3. Antes de juzgar o ignorar algo, asegúrate de entenderlo bien. Mira más allá de las apariencias y entiende el valor real de las cosas.

4. Todo lo que existe cambia rápidamente. Las cosas o se transforman en otra cosa (como cuando el agua se evapora) o se separan y se dispersan en partes más pequeñas. La lógica que gobierna el universo entiende perfectamente lo que hace y con qué material trabaja. Nosotros, en cambio, no siempre entendemos cómo funciona todo, y por eso nos sorprendemos o nos confundimos con muchas cosas.

5. La mejor venganza es no volverte como aquellos que te hicieron daño.

6. Encuentra tu felicidad y consuelo en pasar de una buena acción a otra, sin parar, siempre recordando que hay algo superior guiándote.

7. Tu mente es la única que puede decidir cómo interpretar lo que pasa. Ella tiene el poder de decidir qué importancia darle a las cosas y cómo reaccionar ante ellas.

8. Todo lo que pasa en el universo ocurre de acuerdo con su propia naturaleza, no porque algo externo lo fuerce. El universo o es un caos sin sentido que eventualmente se dispersará, o es un todo organizado, guiado por una lógica superior.

Si es puro caos, entonces, ¿por qué preocuparse por nada? ¿Por qué no aceptar que un día volveremos a ser polvo? Pero si hay un orden y un propósito en todo esto, entonces tiene sentido confiar en ese orden y vivir en paz con lo que nos toca vivir.

9. Si algo te altera o te molesta, trata de recuperar la calma lo más rápido que puedas. Cuanto más rápido vuelvas a tu centro, más fácil te será mantener la calma la próxima vez. La clave está en practicar esto constantemente: si te sales de tus casillas, vuelve a tu equilibrio y empieza de nuevo.

10. Si tuvieras una madrastra y una madre biológica, seguramente tratarías con respeto a ambas, pero tu refugio y apoyo siempre sería tu madre biológica. Haz lo mismo con tu vida: cumple con tus responsabilidades y tareas, pero cuando necesites consuelo o guía, vuelve a tu filosofía, porque es ella la que te ayuda a soportar las dificultades y a no ser una carga para los demás.

11. Es muy útil ver las cosas tal y como son, sin adornos. Por ejemplo: ese plato que parece tan delicioso no es más que el cadáver de un pez o de un cerdo. Ese vino tan caro no es más que el jugo de una uva. Esa túnica púrpura tan elegante es solo lana de oveja teñida con el líquido de un marisco.

Incluso el sexo, si lo analizas fríamente, no es más que la fricción de dos cuerpos y la expulsión de fluidos. ¿Por qué es útil pensar así? Porque ayuda a ver la realidad sin filtros, quitándole a las cosas esa apariencia engañosa de importancia o valor. Esto te ayuda a no dejarte deslumbrar por cosas superficiales.

12. Mira lo que Crates[25] decía sobre el propio Xenócrates[26].

13. Las cosas que suelen admirar las personas comunes son generalmente cosas muy simples, naturales y fáciles de entender, como piedras, madera, higos, viñas u olivos. Luego, hay gente un poco más moderada que admira cosas con vida, como rebaños o manadas de animales. Otros, que son aún más refinados, suelen admirar a seres humanos, pero no simplemente por ser personas, sino porque son hábiles, inteligentes o creativos. A veces, simplemente admiran a otros por tener poder o riqueza, como aquellos que valoran el hecho de tener muchos esclavos.

Sin embargo, el que realmente valora la mente humana por su capacidad de razonar y de conectar con otros, no se deja llevar por esas cosas superficiales. Se enfoca en cuidar su propia mente, ejercitando la lógica y la sociabilidad. Al hacerlo, trabaja en armonía con la naturaleza y con el propósito divino que también forma parte de él.

14. Algunas cosas están apuradas por llegar a ser, mientras que otras están en camino de dejar de existir. De hecho, todo lo que existe ahora, en parte ya ha empezado a desaparecer. El mundo se renueva continuamente gracias a los cambios constantes, igual que el paso del tiempo hace que la vida, aunque infinita, parezca siempre fresca y nueva.

Si todo está en constante cambio, ¿por qué deberíamos apegarnos a algo que inevitablemente desaparecerá? Es como encariñarse con un gorrión que ves un momento y al instante ya se ha ido. Así de fugaz es nuestra vida: un simple aliento, una exhalación. Respiramos el aire hoy, lo devolvemos mañana, y con él, también se va nuestra vida.

15. Entonces, ¿qué es lo que realmente debería importarnos de estar vivos? No puede ser simplemente respirar como las plantas, ni sentir como los animales, ni dejarnos llevar por nuestros deseos o necesidades corporales. Comer no es más significativo que deshacerse de lo que comemos, así que no puede ser eso.

¿Será escuchar aplausos y recibir elogios? Pero eso es solo ruido, como un montón de voces mezcladas. Si no es eso, entonces, ¿qué? Lo único que realmente vale la pena es vivir en armonía con nuestra verdadera naturaleza. Hacer lo que nacimos para hacer, lo que se nos da bien.

Eso es lo que buscan todas las profesiones y habilidades: que las cosas sean útiles para su propósito. El que cuida una viña busca que dé buen vino; el que entrena perros o caballos quiere que sean obedientes y útiles. Lo mismo pasa con la educación de los niños y las profesiones. Entonces, ¿por qué no vivir de esa manera nosotros también?

Si logras vivir así, no necesitarás nada más. Pero si te obsesionas con otras cosas, nunca serás libre ni estarás en paz. Siempre tendrás envidia, miedo y desconfianza hacia quienes pueden quitarte lo que valoras. Serás esclavo de tus deseos y tus miedos, y hasta podrías terminar culpando a los dioses por tu infelicidad.

En cambio, si valoras tu mente y su capacidad de razonar y conectarse con otros, estarás en paz contigo mismo, serás un buen amigo y vivirás en armonía con el universo.

16. Las cosas materiales se mueven de arriba a abajo o de un lado a otro. Pero la virtud no se mueve como las cosas materiales. Su camino es más elevado y espiritual, y no es fácil de comprender.

17. Es curioso, ¿no? La gente suele hablar mal de quienes tienen cerca, pero desean desesperadamente que los futuros desconocidos hablen bien de ellos. Es como si te enfadaras porque alguien que vivió antes que tú no te elogió, aunque nunca te conoció.

18. No pienses nunca que algo es imposible solo porque a ti te cuesta o te parece difícil. Si puedes imaginar que otra persona lo ha hecho, entonces tú también puedes hacerlo.

19. Imagínate que en un combate de lucha alguien te araña con las uñas o te da un golpe en la cabeza. Sí, te duele, pero no te enfadas con esa persona ni piensas que lo hizo por maldad. Sigues luchando sin rencor, solo intentas protegerte sin verlo como un enemigo.

¿Por qué no actuar igual en la vida diaria? A veces la gente te lastimará, pero no siempre lo hacen con maldad. Puedes protegerte y evitar el dolor sin guardar rencor ni odiarlos.

20. Si alguien me demuestra que estoy equivocado en algo, ya sea en mis pensamientos o en mis acciones, cambiaré sin dudarlo. Porque lo único que busco es la verdad, y la verdad nunca ha

dañado a nadie. En cambio, quedarse en el error o la ignorancia sí hace daño.

21. Yo haré lo que me toca hacer. Lo demás, ya sean cosas materiales o personas que no entienden la verdad, no me afectará.

Con las cosas sin razón, como los objetos o los animales, me comportaré como un ser racional, usándolas con respeto y lógica. Con las personas, como compartimos la razón y la capacidad de conectar, las trataré de manera amable y sociable.

En lo que haga, siempre recordaré pedir guía a los dioses. Y en cuanto al tiempo que me quede para hacerlo, no me preocupa. Si puedo vivir tres horas más en armonía con mi naturaleza, eso es suficiente.

22. Mira, Alejandro Magno[27] y el tipo que le cuidaba las mulas terminaron igual: muertos. Da igual lo grande que seas o lo simple que parezcas, al final los dos acabaron en lo mismo. ¿Por qué? Porque o bien volvieron a formar parte de esa esencia que crea todo en el mundo, o simplemente se desintegraron en átomos. Nada más, nada menos.

23. ¿Te has dado cuenta de cuántas cosas pasan en tu cuerpo y en tu mente en solo un segundo? Respiras, piensas, sientes, te rascas la nariz... ¡un montón de cosas al mismo tiempo! Entonces, ¿por qué nos sorprende que en el mundo, que es muchísimo más grande, pasen aún más cosas al mismo tiempo? Todo está conectado y sucede al mismo tiempo en este universo gigantesco.

24. Imagina que alguien te pregunta cómo se escribe "Antoninus". Tú te concentrarías y dirías cada letra, ¿verdad? Si alguien te

interrumpiera o te contradijera, ¿perderías el tiempo discutiendo? ¡Claro que no! Simplemente seguirías hasta acabar la palabra. Pues con tus deberes en la vida es lo mismo: haz lo que tienes que hacer sin discutir ni dejarte distraer. Paso a paso, hasta llegar a tu objetivo.

25. ¿No sería injusto prohibirle a la gente perseguir lo que cree que es bueno para ellos? Entonces, ¿por qué te enfadas cuando otros hacen cosas que tú consideras malas? Ellos creen que están haciendo lo mejor para sí mismos, aunque estén equivocados. Si crees que están mal, enséñales con calma, ayúdales a entenderlo mejor, pero no te enfades con ellos.

26. La muerte no es más que el final de sentir, de sufrir por las pasiones, de los errores de la mente y de las limitaciones del cuerpo. Nada más.

27. Si tu cuerpo todavía puede aguantar en esta vida, ¿no sería una vergüenza que tu mente se rindiera antes? Ten cuidado de no volverte uno más de esos ambiciosos que solo buscan poder y riqueza. Mantente sencillo, sincero, justo y fuerte. Que nada te haga perder tu bondad ni tu fortaleza interior. Vive con propósito, ayuda a los demás y recuerda que la vida es corta. Lo único que realmente queda de ella son tus buenas acciones y tu espíritu generoso.

28. Haz todo como lo haría un buen discípulo de Antonino Pío. Recuerda cómo él se mantenía firme en sus decisiones cuando eran racionales, cómo siempre estaba tranquilo y alegre, sin buscar halagos ni reconocimiento. Nunca se apresuraba ni se dejaba llevar por rumores. Observaba a la gente con paciencia, sin juzgar rápido. Vivía con sencillez y no necesitaba lujos para estar

satisfecho. Aprendía de sus errores y escuchaba con humildad si alguien tenía mejores ideas. Que tu conciencia esté tan tranquila como la suya cuando llegue tu último día.

29. A veces vivimos como en un sueño, atrapados en pensamientos inútiles o miedos. Despierta de ese sueño y mira el mundo tal cual es, sin dejar que tus preocupaciones lo distorsionen.

30. Soy cuerpo y mente. Para mi cuerpo, todo da igual: no siente diferencia por sí solo, simplemente reacciona. Para mi mente, todo lo que no depende de ella también da igual. Solo me afectan mis propios pensamientos y decisiones. Y esos están en el presente; lo que ya pasó o lo que vendrá no tiene por qué preocuparme ahora.

31. Si el pie hace lo que le toca, o la mano lo que le corresponde, todo va bien. Pues lo mismo pasa con nosotros: si hacemos lo que nos corresponde como seres humanos, entonces estamos viviendo en armonía. Y si vivimos en armonía, nada puede dañarnos de verdad. Ahora, si la felicidad dependiera del placer, ¿cómo es que incluso los criminales y tiranos encuentran placer en sus vidas? La felicidad debe ser algo más profundo que eso.

32. ¿No te parece curioso cómo incluso quienes hacen trabajos simples o repetitivos siguen sus rutinas al pie de la letra? Si un carpintero o un médico respetan su oficio así, ¿no debería un ser humano respetar su naturaleza y vivir conforme a la razón? La razón es lo que nos conecta con los dioses, con el universo.

33. Asia, Europa... solo son pequeñas esquinas del mundo. Todo el océano es solo una gota comparada con el universo. El tiempo

presente no es más que un punto diminuto en la eternidad. Todo es pequeño y pasajero. Todo viene de una misma fuente, ya sea por un plan cósmico o por pura consecuencia natural. Incluso las cosas malas, como el veneno o el rugido de un león, existen porque forman parte del equilibrio del universo. No las veas como enemigas de lo bueno, sino como piezas necesarias en el rompecabezas de la vida.

34. Si entiendes lo que está pasando ahora mismo, puedes entender todo lo que ha pasado y todo lo que va a pasar, porque al final, todo es del mismo tipo y está conectado. Piensa a menudo en cómo todo en el mundo está relacionado. Todo está entrelazado y conectado de alguna manera, y por eso todo funciona bien en conjunto. Cada cosa lleva a otra, ya sea por movimiento, por la manera en que están hechas para funcionar juntas, o porque todas vienen de lo mismo.

35. Acéptalo: estás donde estás y te pasan las cosas que te pasan porque así tenía que ser. Adáptate a eso y a las personas con las que te ha tocado vivir, y valóralas de verdad. Mira, si una herramienta sirve para lo que fue hecha, está bien, incluso si quien la hizo ya no está. Pero en la naturaleza, la fuerza que creó las cosas sigue ahí, dentro de ellas. Por eso, deberíamos respetarla más. Si vivimos conforme a esa fuerza y propósito, todo estará bien para nosotros, y podremos sentirnos en paz. Al final, el que entiende esto y lo vive, encuentra la verdadera felicidad.

36. Si basas tu felicidad o tristeza en cosas que no puedes controlar, como la opinión de otros o eventos externos, entonces te arriesgas a estar siempre frustrado. Cuando las cosas no salgan como quieres o cuando te pase algo que consideras malo, acabarás quejándote del destino, de los dioses, o culpando a los demás. Y si

te obsesionas con estas cosas, terminarás haciendo cosas malas. Pero si solo consideras buenas o malas aquellas cosas que dependen de ti (como tus acciones y decisiones), entonces no tendrás motivos para quejarte de nadie ni de nada.

37. Todos colaboramos para un mismo propósito. Algunos lo hacemos de manera consciente, sabiendo lo que hacemos, mientras que otros lo hacen sin darse cuenta, como los que están dormidos y aun así siguen respirando y viviendo. Cada persona contribuye a su manera. Incluso aquellos que se quejan o resisten de alguna forma están contribuyendo al conjunto. El universo también necesita de ellos. Entonces, pregúntate: ¿en qué grupo quieres estar tú?

Porque, quieras o no, el universo te usará para sus fines. Pero, por tu propio bien, no seas como esa línea ridícula en una obra de teatro que ni encaja ni tiene sentido.

38. ¿Acaso el sol trata de hacer el trabajo de la lluvia? ¿O el hijo del sol, Esculapio[28], intenta hacer lo que le toca a la tierra? Cada estrella y cada elemento del universo tiene su propio rol. Son diferentes, pero todas cooperan para un mismo fin. Cada uno cumple con su parte sin interferir en el trabajo del otro, y gracias a eso, el universo funciona en armonía.

39. Si los dioses decidieron lo que me pasa, entonces debo aceptar su decisión porque son sabios y saben lo que hacen. ¿Por qué querrían hacerme daño? No ganan nada con eso, ni para ellos ni para el universo que tanto cuidan. Pero, si no decidieron sobre mí específicamente, seguro que sí pensaron en el conjunto, y lo que me pasa a mí es solo una parte de ese plan más grande.

De cualquier manera, tengo que aceptar mi destino. Y si, por alguna razón, no decidieron nada (aunque esto sería difícil de creer, porque entonces no tendría sentido rezar, jurar o hacer ofrendas), aún así tengo el poder de decidir cómo reaccionar ante lo que me pasa. Lo que es bueno para mí es lo que va de acuerdo con mi naturaleza, que es razonar, actuar con justicia y vivir en armonía con los demás. Mi hogar como emperador es Roma, pero como ser humano, mi hogar es el mundo entero. Así que, lo que es bueno para el mundo, también es bueno para mí.

40. Todo lo que pasa le sirve al conjunto del universo, aunque no siempre entendamos cómo. Si puedes aceptar que todo sucede por una razón mayor, encontrarás paz. Y si miras con atención, verás que todo lo que le pasa a alguien, en realidad, ayuda al bien común de alguna manera. Y esto aplica incluso a cosas que llamamos "neutras" o "indiferentes", como la salud o el dinero. No son ni buenas ni malas por sí mismas, solo son parte del flujo de la vida.

41. Piensa en cómo te sientes cuando ves siempre los mismos espectáculos o vas a los mismos lugares: al principio pueden emocionarte, pero al verlos una y otra vez, te aburren. Lo mismo pasa con la vida. Todo se repite. Las cosas que ves hoy son las mismas que vieron otros antes, y serán las mismas que verán los que vengan después.

Todo sigue un ciclo, y si te cansas de eso, pregúntate: ¿cuándo terminará? La verdad es que nunca, porque la vida es así, cíclica y repetitiva.

42. Piensa constantemente en cómo han muerto personas de todo tipo: ricos, pobres, sabios, ignorantes, famosos o desconocidos.

Da igual su profesión o el lugar de donde vinieran, todos han acabado igual. Imagina cómo sus vidas, preocupaciones y logros quedaron en el olvido. Hasta los nombres de muchos ni se recuerdan.

Reflexiona sobre grandes filósofos como Heráclito, Pitágoras[29] o Sócrates; héroes de épocas antiguas, líderes valientes, reyes poderosos, científicos brillantes como Arquímedes[30]... Todos ya no están. ¿Y qué les afecta eso ahora? Nada. Ni siquiera aquellos que fueron famosos por burlarse de lo corta y frágil que es la vida humana, como Menipo[31] y otros parecidos.

¿Te das cuenta? Todos han muerto hace mucho tiempo. Y eso no les perjudica en nada. Incluso los que ni nombre dejaron atrás, ¿qué problema tienen ahora? Absolutamente ninguno. Al final, solo hay una cosa en esta vida que realmente vale la pena: vivir con verdad y justicia, y tratar con amabilidad y paciencia a quienes se comportan de manera injusta o falsa.

43. Si algún día necesitas animarte o motivarte, piensa en las cualidades de las personas con las que convives. Fíjate en el esfuerzo de uno, la humildad de otro o la generosidad de alguien más. Nada te puede alegrar tanto como ver las virtudes en aquellos que te rodean. Y si logras ver varias de estas cualidades al mismo tiempo, te sentirás aún más inspirado. Ten siempre presente esos ejemplos y rodéate de ellos mentalmente cuando necesites un empujón.

44. ¿Te quejas de no pesar 300 kilos? No, ¿verdad? Entonces, ¿por qué quejarte de vivir menos años de los que quisieras? Así como aceptas el cuerpo que te tocó, acepta el tiempo que tienes. Ambos son simplemente lo que te corresponde.

45. Haz todo lo posible por convencer a los demás con razón y justicia. Pero, si aun así no están de acuerdo, sigue adelante si crees que es lo correcto, aunque se opongan. Y si alguien te impide hacerlo, transforma tu deseo de justicia en paciencia y calma. Aprovecha el obstáculo para ejercitar otra virtud. Recuerda que desde el principio sabías que las cosas no siempre salen como uno quiere. No deseabas lo imposible, ¿verdad? Entonces, ¿qué esperabas realmente? Simplemente querías actuar con sensatez y cordura, y eso siempre está en tus manos, pase lo que pase.

46. El ambicioso cree que su felicidad está en las opiniones y aplausos de los demás. El que busca placeres piensa que su felicidad está en lo que siente. Pero el sabio sabe que su felicidad está en sus propias acciones.

47. Tienes el poder de eliminar cualquier idea o pensamiento negativo de tu mente. Al hacerlo, también te liberas del sufrimiento y la tristeza. Recuerda: las cosas por sí solas no pueden afectarte, solo tus opiniones sobre ellas tienen ese poder.

48. Cuando alguien te hable, escúchale con atención total. No dejes que otros pensamientos te distraigan. Intenta conectar de verdad con esa persona, sin importar quién sea. Así lograrás entenderla mejor y responder de manera más sincera.

49. Si algo no es bueno para el grupo (como las abejas en una colmena), tampoco es bueno para el individuo. Piensa siempre en el bien común.

50. ¿Acaso un pasajero se queja si el barco llega a su destino? ¿O un paciente si el médico lo cura? No, ¿verdad? Solo quieren llegar sanos y salvos. Entonces, ¿por qué te quejas tú si las cosas

resultan como deben? Enfócate en lo esencial, no en los detalles insignificantes.

51. Piensa en cuántos de los que nacieron en tu misma época ya han muerto. Recuerda lo corta que es la vida y cómo todo pasa rápido.

52. A los que tienen ictericia, la miel les parece amarga. A los que fueron mordidos por un perro rabioso, el agua les da miedo. Y a los niños, una simple pelota les parece el mejor juguete del mundo. ¿Ves a dónde voy? La gente actúa según su percepción, incluso si está equivocada. Entonces, ¿por qué enfadarte cuando alguien se equivoca? La ignorancia y las falsas creencias también afectan su juicio, igual que una enfermedad afecta el cuerpo.

53. Nadie puede impedirte vivir según tu naturaleza, es decir, según tu razón y principios. Nada puede pasarte que no sea parte del orden natural de las cosas.

54. Reflexiona sobre quiénes son aquellos a quienes buscas complacer y qué esperas obtener de ellos. Piensa también en cómo el tiempo borra y entierra todo. ¿Cuántos ya han sido olvidados por completo? No importa cuánto trates de impresionar a otros, al final todo se pierde en el olvido. Así que enfócate en lo que realmente importa y no malgastes tu tiempo buscando aprobación pasajera.

Resumen del Libro

En este libro, Marco Aurelio nos habla de la naturaleza del universo y de cómo todo lo que ocurre sigue una lógica natural, sin maldad ni intención de dañar. Nos recuerda que la vida sigue su curso sin importar nuestras circunstancias y que lo importante es hacer lo que nos toca. También insiste en la necesidad de ver las cosas como realmente son, sin adornos ni engaños, y nos invita a centrarnos en lo que depende de nosotros: nuestras acciones y pensamientos.

Además, nos deja varias reflexiones sobre cómo lidiar con el cambio, la ira, la muerte y la importancia de mantenernos fieles a nuestros principios. Nos advierte sobre el peligro de vivir para la aprobación de los demás y nos enseña que lo único que realmente importa es vivir en armonía con nuestra naturaleza y con la razón.

Lo esencial

Lo que Marco Aurelio quiere que entiendas es que el universo sigue su propio curso y que luchar contra eso solo genera sufrimiento. No puedes controlar lo que pasa, pero sí puedes decidir cómo reaccionas. Mantén la calma, sigue haciendo lo correcto y no te dejes llevar por lo superficial.

La mejor manera de vivir en paz es siendo dueño de tu mente y de tus emociones. Si te enfadas o te alteras, recupera la calma lo antes posible. Si alguien te hace daño, la mejor respuesta es no volverte como esa persona. Y si algo te parece difícil, recuerda que, si alguien más lo ha logrado, tú también puedes hacerlo.

Aplicación práctica

- **No te obsesiones con la opinión de los demás.** A la gente le encanta criticar, pero eso no significa que tengas que vivir para agradarles. Enfócate en lo que realmente importa y sigue adelante.

- **Acepta el cambio.** Todo en la vida es temporal. No te aferres a nada como si fuera eterno. Disfruta el presente y no te angusties por lo que inevitablemente desaparecerá.
- **Vuelve rápido a tu centro.** Si algo te molesta o te saca de quicio, no te quedes atrapado en la emoción. Respira, relájate y sigue adelante.
- **Enfrenta la realidad sin filtros.** No te dejes deslumbrar por apariencias ni engañar por lo que "debería" ser. Pregunta siempre: "¿Esto es tan bueno como parece?" o "¿Es tan grave como lo estoy viendo?". Verás que muchas veces la respuesta es no.
- **Sé justo y fuerte.** Da igual lo que hagan los demás. Tú haz lo correcto porque es lo que te hace dormir tranquilo. Mantén tus principios sin dar discursos: que se note en tus acciones.

Libro VII

1. ¿Qué es la maldad? Es eso que ya has visto mil veces en el mundo. Así que, cada vez que algo te moleste, recuerda al instante: "Esto ya lo he visto antes". En todas partes, arriba y abajo, siempre te encontrarás con lo mismo. Las historias antiguas, las de hace unos años y las de hoy están llenas de lo mismo; las ciudades están llenas de eso; las casas también. No hay nada nuevo. Todo lo que pasa ya ha pasado mil veces y, al final, no dura tanto.

2. ¿Por qué temer que tus principios y creencias pierdan fuerza o dejen de hacerte feliz, si esas ideas y recuerdos en los que se basan todavía siguen vivos en tu mente? Tú tienes el poder de decidir cómo interpretar lo que te pasa. Si puedes elegir verlo de forma correcta y positiva, ¿entonces por qué preocuparte? Lo que está fuera de tu mente no tiene ningún poder sobre ti. Así que mantén siempre esta forma de pensar, y estarás en paz.

3. Eso que la mayoría de la gente desea más que nada —como poder vivir otra vez después de morir—, tú puedes dártelo a ti mismo ahora, mientras sigues vivo. ¿Cómo? Viendo el mundo otra vez como ya lo has visto antes. Porque, ¿qué es "vivir de nuevo" si no es volver a ver lo mismo? Fiestas llenas de vanidad, espectáculos públicos, rebaños de animales, peleas y discusiones... Es como ver a un grupo de perros peleando por un hueso, peces tratando de atrapar un anzuelo, hormigas cargando sin descanso, ratones asustados corriendo de un lado a otro, o marionetas movidas por hilos invisibles. Todo eso es el mundo. Y tú, en medio de todo eso, debes mantenerte firme, tranquilo y sin

enfadarte, recordando siempre que el valor de una persona depende de lo que considere valioso.

4. Para entender lo que alguien dice, ve palabra por palabra, una a una. Y para entender lo que alguien hace, fíjate en sus intenciones, una a una también. Lo mismo ocurre con las acciones: debes analizar cada paso y entender para qué sirve. Con las palabras, es igual: trata de entender su verdadero significado, no solo cómo se usan comúnmente.

5. ¿Tengo la capacidad de resolver esto por mí mismo? Si la respuesta es sí, entonces lo haré, sin buscar reconocimiento ni aplausos. Usaré mi razón como una herramienta que la naturaleza me dio para esta tarea. Si no puedo hacerlo solo o no es mi responsabilidad directa, entonces dejaré que alguien más lo haga o buscaré ayuda para hacerlo juntos, siempre enfocado en lo que sea útil para el bien común. Si lo importante es que el trabajo se haga bien, ¿qué importa si lo hago solo o con ayuda? Lo que cuenta es el resultado, no quién se lleva el crédito. ¿Te rendirías en una batalla solo porque no puedes escalar las murallas sin ayuda? No, buscarías ayuda para lograrlo. Pues lo mismo pasa en la vida.

6. No te preocupes por el futuro. Si tiene que pasar, estarás preparado con la misma razón que te ayuda a afrontar el presente. Todo está conectado y nada es ajeno al resto del mundo. Todo tiene un propósito y una relación natural con lo demás. El universo es como una gran obra de arte en la que todo encaja a la perfección. Hay un solo orden en todas las cosas, una sola razón que las une y una sola verdad común a todos los seres racionales.

7. Todo lo material desaparece rápido y vuelve a la fuente de donde vino. Todo lo que da vida a la materia regresa a la razón

universal. Y la fama y el recuerdo de cualquier cosa son tragados rápidamente por el paso del tiempo.

8. Para un ser racional, actuar según la naturaleza es actuar según la razón.

9. Recto por naturaleza, no forzado a ser recto.

10. Así como los miembros de un cuerpo trabajan juntos, aunque estén separados, los seres racionales también estamos conectados, aunque estemos dispersos. Todos formamos parte de una misma comunidad universal. Te darás cuenta de esto cuando pienses: "Soy miembro de la comunidad de seres racionales". Pero si solo piensas "soy una parte separada", entonces no amas verdaderamente a los demás. Todavía ayudas a los demás solo porque "es lo correcto", no porque entiendas que al ayudar a otros también te ayudas a ti mismo.

11. Si algo externo pasa, que le afecte a lo que pueda ser afectado por cosas externas. Si eso que sufre quiere quejarse, que se queje. Pero yo, mientras no crea que lo que ha pasado es algo malo, no voy a salir herido. Y eso depende totalmente de mí: puedo decidir no verlo como algo malo.

12. No importa lo que alguien haga o diga, tú tienes que seguir siendo bueno. Pero no lo hagas por los demás, sino por ser fiel a tu naturaleza. Es como si el oro, una esmeralda o una tela púrpura dijeran: “No importa lo que pase, yo sigo siendo una esmeralda, y mantengo mi color”.

13. Siempre puedo encontrar tranquilidad si recuerdo esto: mi mente, que controla todo en mí, no se va a molestar ni a inquietar

por sí misma. Si alguien pudiera forzarme a sentir miedo o tristeza, pues que lo intente. Pero mientras yo no me convenza de que debo sentirme así, no voy a tener miedo.

¿Y el cuerpo? ¿Por qué debería dejar que el dolor físico afecte a mi mente? Si el cuerpo puede quejarse o asustarse, que lo haga. Pero mi alma, que es la que realmente siente miedo o dolor, solo va a sufrir si yo elijo verlo de esa manera. La clave está en no dejar que mi mente compre esas ideas.

Mi entendimiento es suficiente por sí mismo y no necesita nada más para estar en paz. Así que, si no me dejo influenciar, nada me puede perturbar.

14. ¿Qué es la felicidad? Básicamente, es tener un buen estado de ánimo o un buen espíritu. Entonces, ¿qué pintas aquí, opinión negativa? Vete de una vez, no te necesito. Viniste porque estoy acostumbrado a recibirte, como todo el mundo. No estoy enfadado por eso, pero ahora que te reconozco, ya puedes irte.

15. ¿Hay alguien tan tonto como para temer al cambio, cuando todo lo que existe debe su existencia precisamente al cambio? Nada es más natural para el universo que cambiar.

Piensa en esto: ¿cómo podrías disfrutar de un baño caliente si la leña no se transformara en calor? ¿Cómo te alimentarías si la comida no cambiara al digerirla? Todo lo útil y necesario ocurre gracias al cambio.

Entonces, ¿por qué no aceptas que tu propia muerte es solo otro cambio, igual de natural y necesario para el universo?

16. En el universo, todos los cuerpos particulares fluyen como un río. Todos están hechos de la misma sustancia y trabajan juntos, como las partes de un solo cuerpo.

¿Cuántos como Crisipo[32], Sócrates o Epicteto han sido olvidados con el tiempo? Cuando pienses en personas o problemas, recuerda esto para no obsesionarte demasiado.

Solo me preocupo de una cosa: no hacer nada que vaya en contra de lo que un ser humano debe ser, ya sea por la naturaleza del acto, la manera o el momento en que lo haga.

Pronto olvidarás todo, y pronto todos te olvidarán a ti. Mientras tanto, dedícate a lo que es propio del ser humano: amar incluso a quienes se equivocan contigo.

Esto es más fácil si recuerdas que:

1. Son tus semejantes.
2. Se equivocan por ignorancia, no porque quieran hacerte daño.
3. Tanto tú como ellos dejarán de existir en poco tiempo.
4. No te han hecho un daño real, porque no han afectado tu mente ni tu forma de ser.

17. La naturaleza del universo es como una masa de cera que toma diferentes formas: ahora es un caballo, luego un árbol, después un hombre, y más tarde otra cosa. Cada una de estas formas dura muy poco tiempo.

Si no es un problema que las partes de un objeto estén unidas, ¿por qué debería ser un problema que se separen?

18. Ponerse furioso es antinatural, y además es una expresión típica de quien está cerca de la muerte. Pero si logras reprimir tu enfado hasta el punto de no poder endarte más, no te conformes con eso.

Ve un paso más allá: comprende, razonando de manera lógica, que el enfado y las pasiones no tienen sentido. Si pierdes la capacidad de reconocer que estás actuando con razón, ¿para qué seguir viviendo?

Todo lo que ves es temporal. La naturaleza que gobierna el mundo pronto cambiará las cosas, convirtiéndolas en otras nuevas, para que el universo siempre parezca fresco.

19. Cuando alguien te haga algo malo, pregúntate: ¿qué pensaba esa persona que era bueno o malo cuando actuó así? Cuando lo entiendas, te darás cuenta de que no tiene sentido enfadarte ni sorprenderte.

Hay dos posibilidades:

- O tú también crees que lo que esa persona buscaba es bueno, y en ese caso deberías comprenderlo porque tú habrías hecho lo mismo.
- O tú ya no valoras esas cosas como buenas o malas, y entonces deberías tener paciencia con alguien que todavía está confundido.

20. No te imagines el futuro como si ya estuviera aquí. En lugar de eso, céntrate en lo que tienes ahora y aprecia lo bueno de ello. Pero cuidado: no te apegues tanto a lo presente que, cuando te falte, te cause dolor.

Concéntrate en tu interior. Tu mente tiene la capacidad de vivir en justicia y de encontrar paz dentro de sí misma. Si lo logra, no necesita nada más para estar satisfecha.

21. Deja de lado las opiniones y controla tus deseos y emociones que no tienen sentido. Concéntrate en el presente, analiza lo que está pasando, ya sea contigo o con otros, y divide lo que ves en lo que es (la forma) y de qué está hecho (la materia). Piensa en el momento final, en la muerte, para recordar lo que realmente importa.

Si alguien ha cometido un error, deja que el error y la culpa se queden con esa persona, no te lo lleves contigo. Examina cuidadosamente lo que escuchas antes de reaccionar. Trata de entender tanto las causas como las consecuencias de las cosas.

Vive con simplicidad y modestia, y recuerda que las cosas que no son ni buenas ni malas en sí mismas (como el dinero, la fama o el dolor) no deberían afectarte demasiado. Ama a las personas y sigue el curso de la naturaleza o la voluntad de Dios, sin complicarte demasiado.

22. Todo sucede por un orden y una razón, aunque a veces no la entendamos. Quizás todo se deba a la forma en que los elementos se combinan y se separan.

Recuerda simplemente que todo está organizado de alguna manera, aunque no veas todos los detalles. En cuanto a la muerte, podría ser una separación de átomos, la desaparición total o una transformación.

Sobre el dolor: si es insoportable, terminará rápido con la muerte. Si dura mucho tiempo, es porque puedes soportarlo. Además, tu mente puede mantenerse tranquila si no se deja llevar por lo que siente el cuerpo. El dolor afecta al cuerpo, no a tu razón ni a tu capacidad de pensar.

En cuanto a la alabanza y las críticas, fíjate en quién te las da: ¿qué buscan en la vida? ¿Qué valoran? Como en la orilla del mar, donde las olas cubren todo lo que estuvo antes, así en la vida, lo que pasó queda enterrado bajo lo que viene después.

23. De Platón[33]:

Si una persona realmente entiende la magnitud del tiempo y de todo lo que ocurre, ¿crees que verá esta vida como algo tan grande e importante? No, no puede. Y si ve la vida de esta manera, tampoco verá la muerte como algo terrible.

24. De Antístenes[34]:

Es un gran poder hacer el bien incluso cuando otros hablan mal de ti. Es ridículo que tu cara cambie según lo que piensas o sientes, pero que no pongas el mismo cuidado en moldear tu mente para que sea lo mejor posible.

25. De poetas y comedias:

Enojarte o frustrarte por lo que te pasa no cambia nada. Las cosas no sienten tu enojo, y solo te haces quedar mal frente a los demás, incluso frente a los dioses (o el universo, si lo prefieres).

La vida es como una cosecha de trigo: unos siguen en pie y otros ya han caído. Si a veces parece que los dioses (o el destino) te ignoran a ti o a tu familia, podría haber una razón para eso, aunque no la entiendas.

Mientras actúes con justicia y equidad, no hay razón para lamentarse ni temblar de miedo.

26. De Platón:

Si piensas que alguien que realmente vale algo teme la vida o la muerte, estás equivocado. Lo único que debe preocuparle es si lo que hace es justo o injusto, bueno o malo.

No importa el peligro; uno debe mantenerse firme en el lugar donde cree que debe estar, o donde ha sido puesto por una autoridad legítima. Debe temer más hacer algo malo o vergonzoso que morir o enfrentar dificultades.

La verdadera generosidad y felicidad no están en preservar la vida a toda costa, sino en vivir lo mejor posible mientras se esté vivo. Todos sabemos que nadie puede escapar de la muerte, así que lo único que importa es vivir con virtud.

Es útil mirar al cielo, ver el movimiento de las estrellas y los cambios en la naturaleza. Esto ayuda a limpiar la mente de preocupaciones terrenales.

Platón también dijo algo interesante: hay que observar la vida como si la miráramos desde arriba[35], viendo ejércitos, matrimonios, divorcios, nacimientos y muertes, disputas en los tribunales, festivales y funerales, mercados y soledades. Todo está mezclado y, sin embargo, esa mezcla crea la belleza del universo.

27. Mira el pasado: los imperios y gobiernos han cambiado una y otra vez. También puedes imaginar el futuro, porque seguirá el mismo patrón. La historia se repite.

Da igual si ves esto durante 40 años o durante 10,000, porque no verás nada nuevo. Todo sigue el mismo ciclo.

Lo que viene de la tierra, vuelve a la tierra. Lo que viene del cielo, vuelve al cielo. Quizás todo sea una separación de átomos o una dispersión de elementos simples e incorruptibles.

Por más que la gente trate de evitar la muerte con comida, bebida o cualquier otra cosa, al final todos enfrentamos el mismo destino, como un viento que no podemos evitar.

28. Él tiene un cuerpo más fuerte y es mejor luchador que yo. ¿Y qué? ¿Es más generoso? ¿Es más humilde? ¿Afronta mejor las dificultades? ¿Es más paciente y amable con los errores de los demás que yo? La verdadera fuerza no está solo en el cuerpo, sino en el carácter.

29. Si puedes manejar una situación de acuerdo con la lógica que gobierna el universo y a todos nosotros, no hay motivo para angustiarse. Si actúas bien y sigues lo que te corresponde como ser humano, no tienes por qué temer daño alguno. En cualquier lugar y momento, puedes aceptar con respeto lo que te ocurra, relacionarte de forma justa con quienes te rodean y analizar con atención cada pensamiento que aparezca en tu mente, para no dejarte llevar sin comprenderlo bien primero.

30. No te enfoques tanto en lo que piensan o entienden los demás. En lugar de eso, concéntrate en seguir el camino que

marca la naturaleza: la del universo con lo que te sucede, y la tuya propia con lo que haces. Cada uno tiene la obligación de cumplir el propósito para el que fue creado. Todo lo demás en el mundo existe para el uso de seres racionales. Lo inferior está hecho para servir a lo superior. Las personas estamos hechas para ayudarnos unas a otras. Por eso, lo primero y más importante en la naturaleza de cada uno es buscar el bien común. Lo segundo es no dejarse llevar por los deseos ni los impulsos del cuerpo, porque la razón tiene la capacidad de controlarlos. La mente está hecha para liderar, no para ser esclava de las necesidades del cuerpo. Lo tercero es evitar actuar sin pensar o cometer errores por precipitarse. Si tu mente se enfoca en estos principios y no se distrae, lograrás tus objetivos y, con ellos, tu felicidad.

131. Vive el tiempo que te quede como si fuera un regalo extra, aprovechándolo para vivir con virtud. Ama y acepta todo lo que te ocurra, porque nada es más razonable que eso.

Si te pasa algo malo, piensa en otras personas que han pasado por lo mismo. ¿Qué hicieron ellas? Se quejaron, se sintieron mal... ¿Y dónde están ahora? Todos han muerto ya. ¿Quieres ser como ellos? ¿O prefieres aprender a aprovechar las dificultades?

Todo lo que te ocurra puede servirte para crecer si decides usarlo bien. Lo importante es que actúes de una manera que te haga sentir orgulloso de ti mismo.

Recuerda siempre mirar en tu interior, porque ahí está la fuente de todo lo bueno. Si profundizas lo suficiente, nunca se agotará.

132. Acostúmbrate a mantener tu cuerpo firme y sereno, sin moverte nerviosamente. Así como tu mente puede controlar tu

rostro y tus expresiones para mantenerlas serias y adecuadas, también puede controlar todo tu cuerpo.

Pero hazlo sin exagerar ni aparentar nada. La calma y el control deben ser naturales.

33. Vivir bien en este mundo es más parecido al entrenamiento de un luchador que al de un bailarín. ¿Por qué? Porque necesitas estar preparado para cualquier golpe que la vida te dé, de manera que nada te derribe.

34. Piensa bien en quiénes son esas personas cuya aprobación deseas. ¿Qué piensan? ¿Qué valoran? ¿Cómo son sus mentes?

Cuando entiendas por qué opinan como opinan, no te afectarán sus críticas ni sentirás que necesitas su aprobación.

Nadie rechaza voluntariamente la verdad. Tampoco la justicia, la moderación, la amabilidad ni ninguna otra virtud. Si recuerdas esto, te será más fácil ser paciente y comprensivo con los demás.

35. Cuando sientas dolor, recuerda que no es algo de lo que debas avergonzarte ni algo que pueda dañar tu mente, que es lo que realmente gobierna todo en ti. El dolor no afecta a tu razón ni a tu propósito de hacer el bien.

Recuerda también lo que decía Epicuro[36]: "El dolor no es eterno ni insoportable", siempre y cuando no lo exageres con tus pensamientos.

Además, hay cosas que te molestan sin que las consideres "dolor" como tal, pero en realidad lo son: dormir mal, tener calor, no tener hambre... Si alguna de estas cosas te incomoda, dite a ti mismo: "¿De verdad vas a dejar que esto te venza? ¿Vas a rendirte por esto?"

36. Ten cuidado de no tratar a las personas malas o difíciles de la misma manera en que ellas tratan a los demás. Mantén tu integridad y no te rebajes a su nivel.

37. ¿Cómo sabemos si Sócrates realmente fue tan extraordinario y especial como se dice? Porque haya muerto con valentía, porque haya debatido con los sofistas con gran inteligencia, porque haya soportado el frío con resistencia, o porque se haya negado a cometer una injusticia cuando se lo ordenaron... Todo eso no prueba nada por sí solo. Ni siquiera su forma solemne de caminar por las calles, como algunos le criticaban, es prueba de grandeza. Además, ¿quién sabe si realmente era así o solo eran rumores? Y, aunque fuera cierto, ¿es algo bueno o malo?

Lo que realmente importa es entender cómo era su forma de ser, su carácter. Preguntémonos: ¿Era alguien que vivía con la única meta de ser justo con los demás y de respetar a los dioses? ¿No se molestaba por las maldades de otros ni cedía ante ellas, ya fuera por miedo o por lealtad mal entendida? ¿Aceptaba todo lo que le ocurría sin sorprenderse ni quejarse? ¿Era capaz de mantener su mente serena sin dejarse arrastrar por las sensaciones o deseos del cuerpo?

Porque no debemos pensar que nuestra mente está tan atada al cuerpo que no puede mantenerse independiente. La mente puede decidir por sí misma cómo reaccionar y qué perseguir en la vida.

38. Es completamente posible que alguien sea increíblemente sabio y virtuoso, y que pase desapercibido para el mundo. Tenlo

siempre presente, al igual que esto: la verdadera felicidad de una persona depende de muy pocas cosas.

Aunque creas que nunca vas a ser un gran lógico o un experto en ciencias naturales, eso no te impide ser generoso, humilde, compasivo o fiel a los designios de los dioses. Tu valor no depende de habilidades intelectuales, sino de cómo eliges comportarte y vivir.

39. Puedes vivir tu vida con alegría y libertad, sin sentirte obligado o presionado, incluso si otros te critican duramente o si, en el peor de los casos, algo te destroza físicamente. Porque, ¿qué puede impedir que tu mente se mantenga en paz?

Todo depende de cómo juzgues lo que te sucede y de cómo aproveches cada situación. Tu mente puede ver las cosas tal como son, sin exagerarlas ni distorsionarlas. Puede decir: "Esto es lo que realmente está ocurriendo, aunque otros lo vean diferente". También puede reconocer en cada experiencia una oportunidad perfecta para actuar con razón y generosidad.

Y lo más importante: puedes convertir cualquier situación en un acto de gratitud hacia los dioses o en un beneficio para los demás. Porque todo lo que sucede en el mundo está conectado con el bien de la humanidad o con el orden del universo. No hay nada realmente nuevo o insuperable en la naturaleza; todo sigue su curso natural y es más sencillo de afrontar de lo que parece.

40. Alcanzas la perfección en la vida cuando vives cada día como si fuera el último: sin dejarte llevar por emociones intensas ni volverte frío e insensible. Y, sobre todo, sin falsedades ni engaños. Sé genuino en todo momento, auténtico hasta el final.

41. Si los dioses, que son eternos, han soportado durante tantos siglos a todos los pecadores que han existido, y no solo eso, sino que incluso han seguido cuidando de ellos y dándoles lo necesario, ¿por qué tú, que solo estás aquí por un breve momento, no puedes soportar sus errores?

Es ridículo enfadarse tanto por las fallas de los demás cuando tú también cometes errores. Es absurdo perdonarte a ti mismo por lo que puedes controlar y, al mismo tiempo, querer cambiar lo que otros hacen, cuando eso está completamente fuera de tu alcance.

42. Si te encuentras con algo que no alimenta ni tu razón ni tu capacidad de ayudar a los demás, entonces, con razón, considéralo indigno de tu atención. No desperdicies energía en lo que no te ayuda a crecer o no beneficia a otros.

43. Si haces algo bueno y alguien se beneficia de ello, ¿vas a ser tan ingenuo como para esperar una tercera cosa? ¿Como que todo el mundo lo note o que te devuelvan el favor más adelante?

Nadie se cansa de hacer cosas que le benefician. Y actuar según la naturaleza siempre es beneficioso, tanto para ti como para los demás. Entonces, ¿por qué te cansarías de hacer el bien?

Hazlo porque es lo correcto, no por reconocimiento ni esperando una recompensa. La satisfacción viene de saber que estás actuando en armonía con tu naturaleza y ayudando a otros en el proceso.

44. Antes de que existiera el universo, la naturaleza que lo creó ya había decidido cómo iba a ser todo. Todo lo que ha ocurrido desde entonces es una consecuencia de esa decisión inicial.

Si esta fuerza que rige el universo presta atención a los detalles, seguro que se ocupa de sus criaturas más importantes: los seres humanos. Recordar esto puede darte mucha paz interior.

Todo lo que sucede, en última instancia, está conectado con el orden del universo o con el bien de la humanidad. No hay nada realmente nuevo ni incontrolable en la naturaleza. Todo sigue un curso lógico y natural, aunque a veces no lo veamos así.

Resumen del Libro

Este capítulo gira en torno a una idea clave: nada es realmente nuevo en la vida. Las mismas situaciones, problemas y emociones se han repetido una y otra vez a lo largo del tiempo. Marco Aurelio nos recuerda que todo es pasajero, que el verdadero control está en nuestra mente y que debemos vivir con serenidad, sin dejarnos arrastrar por las circunstancias externas. También nos invita a ver el mundo con perspectiva, a aceptar los cambios y a actuar siempre según la razón y la naturaleza.

Lo esencial

Lo que Marco Aurelio quiere que entiendas es que la vida es un ciclo repetitivo y que el verdadero poder lo tienes dentro de ti: en tu mente y en tu forma de interpretar las cosas. No tiene sentido obsesionarse con el futuro ni con lo que los demás hacen o piensan. Lo único que importa es que tú sigas siendo fiel a tus principios y valores. Además, insiste en la importancia de actuar en comunidad, porque todos formamos parte de algo más grande.

Aplicación práctica

- **Cuando algo te moleste, recuerda que no es nuevo.** Si alguien te trata mal, tienes un problema en el trabajo o sientes que la vida es injusta, recuerda que esto ya ha pasado antes. No eres el primero ni serás el último en vivirlo. La clave está en cómo decides reaccionar.
- **No te dejes llevar por el miedo o la preocupación.** Todo lo que ocurre fuera de ti no tiene poder sobre tu mente a menos que tú se lo des. Si algo te afecta, pregúntate: "¿Estoy interpretando esto de la mejor manera?". Si puedes cambiar tu perspectiva, encontrarás paz.
- **Acepta el cambio como parte de la vida.** Todo cambia: las personas, las situaciones, incluso tú. Resistirse al cambio solo genera sufrimiento. En lugar de temerlo, acéptalo como algo natural.
- **No busques reconocimiento, solo haz lo correcto.** Si puedes hacer algo por ti mismo, hazlo sin esperar aplausos. Si necesitas ayuda, pídela sin orgullo. Lo importante no es quién hace las cosas, sino que se hagan bien.
- **Tu felicidad depende de cómo piensas.** Si aprendes a identificar pensamientos negativos y a descartarlos, vivirás con más tranquilidad. La felicidad no es tener cosas, sino mantener una mente en calma.
- **Sé una buena persona sin importar lo que hagan los demás.** No dejes que las acciones ajenas dicten tu comportamiento. Actúa con rectitud porque es tu esencia, no porque esperas algo a cambio.
- **Cuando alguien te haga daño, trata de entenderlo.** Pregúntate: ¿qué creía esta persona que era correcto cuan-

do actuó así? Esto te ayudará a ser más paciente y a no tomar las cosas de manera personal.

- **Vive el presente sin apegarte demasiado a él.** Disfruta lo que tienes, pero sin aferrarte tanto que su pérdida te destruya. Todo en la vida es pasajero.

Libro VIII

1. Si alguna vez te da por sentirte importante o buscar reconocimiento, recuerda esto: ya no puedes recibir elogios como alguien que siempre ha vivido como un verdadero filósofo. Tanto tú como los demás saben que muchas veces has actuado de manera contraria a esa vida ideal. Has tropezado en el camino y ahora te va a costar mucho recuperar la imagen de un filósofo auténtico. Además, tu trabajo y tus responsabilidades tampoco encajan del todo con esa vida.

Si entiendes realmente lo que de verdad importa, deja de preocuparte por tu fama o reputación. Con que el tiempo que te quede de vida, sea mucho o poco, lo vivas como se supone que debes vivir, ya es suficiente. Dedica tiempo a entender qué es lo que tu naturaleza realmente necesita y no te distraigas con otras cosas.

Ya has pasado por muchas experiencias y sabes que no encontraste felicidad en ninguna de ellas: ni en los razonamientos complicados, ni en el dinero, ni en la fama, ni en los placeres. Entonces, ¿dónde está la felicidad? En hacer lo que corresponde a tu naturaleza como ser humano.

¿Y cómo lograrlo? Si tus creencias y principios son correctos y verdaderos. ¿Cuáles son esos principios? Aquellos que te enseñan qué es realmente bueno y malo. Lo bueno es todo lo que te hace justo, valiente, moderado y generoso. Lo malo es lo que te aleja de estas cualidades.

2. Antes de hacer algo, pregúntate: ¿Esto encaja con la persona que quiero ser? ¿Voy a arrepentirme de hacerlo? Recuerda que en poco tiempo vas a morir y todo va a terminar. Entonces, ¿qué importa más que asegurarte de que cada acción tuya sea digna de un ser racional, que busca el bien común y vive según la lógica y la justicia, como se supone que hace Dios mismo?

3. ¿Qué importancia tienen Alejandro Magno, Cayo César[37] o Pompeyo[38] en comparación con Diógenes[67], Heráclito o Sócrates? Estos últimos entendieron la verdadera naturaleza de las cosas, comprendieron las causas y los fundamentos de todo, y con eso dominaron su propia existencia. Los otros, en cambio, aunque parecían poderosos, eran esclavos de sus propios errores y ambiciones.

4. La gente va a seguir haciendo lo mismo, te guste o no. Aunque te frustres o te amargues, nada va a cambiar. Primero, no te preocupes. Todo pasa según el curso natural del universo, y pronto todo quedará en el olvido. Nadie recordará a nadie, como ya pasó con figuras históricas importantes.

Segundo, enfócate en la situación tal cual es. Recuerda que tu deber sigue siendo ser una buena persona y actuar de acuerdo con lo que tu naturaleza humana exige. No te desvíes de eso. Habla y actúa con justicia, pero hazlo siempre con amabilidad, modestia y sin falsedades.

5. El universo siempre está moviendo las cosas de un lugar a otro, cambiándolas y transformándolas. Nada de esto es realmente nuevo. Todo sigue su curso natural y equitativo. Así que no temas a lo desconocido, porque en realidad nada lo es. Todo forma parte del flujo constante y justo del universo.

6. Cada ser alcanza la plenitud cuando sigue su curso natural. Para ti, como ser humano racional, eso significa tres cosas:

1. No aceptar ideas falsas o inciertas.
2. Dirigir todas tus acciones hacia el bien común, sin desear ni temer nada que no dependa de ti.
3. Aceptar con buena actitud todo lo que la naturaleza te presente, porque formas parte de ella, así como una hoja es parte de un árbol.

Pero hay una diferencia: la hoja pertenece a una naturaleza irracional y limitada, mientras que tú formas parte de una naturaleza razonable y justa, imposible de detener. Por eso, el universo distribuye todo de manera equitativa, no tanto en cada cosa individual, sino en el conjunto de todas las cosas.

7. ¿No tienes tiempo para leer? ¿Y qué? ¿No tienes tiempo para trabajar en ti mismo? ¿Para no traicionarte ni dejarte llevar por placeres o dolores superficiales? ¿Para mantenerte por encima del deseo de fama y reconocimiento? ¿Para no molestarte con la gente desagradecida o ignorante, e incluso preocuparte por ellos y desearles el bien?

8. Deja de quejarte de las dificultades de la vida en la corte. Ni en público ni cuando hables contigo mismo.

9. El arrepentimiento surge cuando te das cuenta de que dejaste pasar una oportunidad de hacer algo bueno o útil. Todo lo que es bueno también es útil, y una persona íntegra valora y aprovecha esas oportunidades.

Pero nunca has visto a alguien decente lamentarse por haber perdido un placer superficial. Eso demuestra que ningún placer corporal es realmente bueno o útil.

10. Cuando te encuentres ante algo, pregúntate: ¿Qué es esto realmente? ¿De qué está hecho? ¿Para qué sirve? ¿Cómo funciona? ¿Cuánto tiempo va a durar? Si empiezas a mirar las cosas así, de forma simple y directa, verás todo con más claridad y sin tantas ilusiones.

11. Si te cuesta levantarte por la mañana, recuérdate a ti mismo esto: "¿Por qué estoy aquí? ¿Solo para quedarme caliente en la cama como un animal sin razón? No, estoy aquí para hacer cosas buenas, para ayudar a los demás y contribuir al mundo. Eso es lo que mi naturaleza como ser humano me pide". Dormir es algo que también hacen los animales, pero actuar para el bien común es lo que nos hace humanos.

12. Cada vez que tengas una idea o un pensamiento, trata de analizarlo. Pregúntate: ¿De dónde viene esto? ¿Tiene sentido o solo es una emoción pasajera? Razonar sobre lo que piensas te ayudará a entenderte mejor y a tomar mejores decisiones.

13. Cuando conozcas a alguien, piensa: "¿Qué ideas tiene esta persona sobre lo que está bien o mal? ¿Cómo ve el dolor y el placer? ¿Qué opina sobre el honor o la vergüenza? ¿Y sobre la vida y la muerte?" Si entiendes sus creencias, no te sorprenderán sus acciones, porque cada uno actúa según sus propias ideas.

Es como cuando ves una higuera y no te sorprende que dé higos. Entonces, ¿por qué te sorprendes de que alguien actúe de acuerdo a sus creencias? Un médico no se asombra de que una persona tenga fiebre, ni un navegante de que el viento cambie de dirección. Tú tampoco deberías asombrarte de lo que es natural.

14. Si te das cuenta de que estás equivocado en algo, no dudes en cambiar de opinión. No es un signo de debilidad, sino de inteligencia. Es tan válido corregirte como haber acertado desde el principio. Lo importante es buscar siempre la verdad, no tener siempre la razón.

15. Si algo depende de ti, hazlo. Si no, ¿a quién vas a culpar? ¿Al azar? ¿A los dioses? Culpabilizar a alguien o algo que no puedes controlar no tiene sentido. Si está en tus manos, arréglalo. Si no, ¿de qué sirve quejarse? Nada se logra con lamentos inútiles.

16. Todo lo que nace o muere sigue siendo parte del mundo. Nada desaparece realmente, solo se transforma. Los elementos de los que estás hecho son los mismos que componen el universo. Cuando cambian, no se quejan, simplemente siguen su curso. Entonces, ¿por qué tú te quejas?

17. Todo en el mundo tiene un propósito. El caballo fue hecho para correr, la vid para dar uvas, el sol para iluminar. ¿Y tú? ¿Para entretenerte y pasar el tiempo sin más? Incluso el sentido común se resiste a creer eso. Tienes un propósito mayor: contribuir al bien común.

18. La naturaleza no solo se enfoca en cómo empiezan o continúan las cosas, sino también en cómo terminan. Todo tiene su ciclo natural.

19. Imagina una pelota en el aire. ¿Es mejor si sube o peor si baja? No, simplemente se mueve. Lo mismo pasa con una burbuja: ¿es

mejor si dura más o peor si estalla? No, solo es. Y así es también con la fama y la muerte. Tu cuerpo, que es el que muere, ¿realmente merece tanta importancia? Piénsalo cuando esté viejo, enfermo o en sus impulsos más básicos.

En cuanto a la fama, recuerda que la vida es corta. Tanto el que alaba como el alabado pronto serán polvo. Además, ¿cuántos realmente te alaban? Ni siquiera tienes el reconocimiento de todos en tu barrio, y mucho menos en todo el mundo. Y, aun así, ¿qué es la Tierra comparada con el vasto universo?

20. Cuando pienses en algo, analiza: ¿De qué está hecho? ¿Qué significa? ¿Cómo funciona? ¿Cuál es el sentido real detrás de eso?

21. Todo lo que te pasa es justo y merecido. Si no te gusta, cámbialo. Pero si prefieres esperar a "ser mejor mañana" en lugar de empezar hoy, estás perdiendo el tiempo.

22. ¿Debería hacerlo? Sí, si el propósito es hacer el bien. ¿Te pasa algo malo o difícil? Acéptalo como parte del plan mayor, como algo que viene del universo, que tiene un propósito más grande. Todo lo que pasa forma parte de un orden que no siempre entiendes, pero que tiene sentido en el conjunto.

23. Piensa en el baño, que nos toma tanto tiempo: ¿qué es realmente? Aceite, sudor, suciedad… algo desagradable, en realidad. Y así es casi todo en la vida cotidiana: si miras más de cerca, te das cuenta de que muchas cosas que valoramos son superficiales o insignificantes.

24. Lucila[39] enterró a Vero[40]. Luego a ella también la enterraron. Lo mismo pasó con Secunda y Máximo. Y así sucesivamente.

Nadie escapa de esta realidad. Los que parecían invencibles o poderosos, ¿dónde están ahora? Todos tuvieron su momento y luego desaparecieron. Algunos fueron olvidados en cuanto murieron; otros se convirtieron en historias, y hasta esas historias se olvidaron.

Recuerda esto: los elementos que te componen pronto se descompondrán. Tu vida y tu aliento, o tu alma, dejarán de existir o pasarán a otra forma. No importa cuán importante te creas ahora, el ciclo de la vida seguirá adelante sin ti.

25. La verdadera alegría de una persona está en hacer lo que realmente le corresponde como ser humano. ¿Y qué es lo más propio de nosotros? Primero, tratar con amabilidad a los demás, ya que compartimos la misma naturaleza. También, no dejarse llevar por los deseos y placeres momentáneos, sino saber distinguir lo que parece atractivo de lo que realmente vale la pena.

Otra cosa importante es reflexionar sobre el universo: sobre cómo funciona todo y las cosas que pasan en él. Al hacer esto, hay tres puntos a tener en cuenta:

1. Mirar las causas inmediatas, las razones más evidentes de por qué pasan las cosas.
2. Pensar en la causa original de todo, en aquello que puso en marcha el universo (Dios, la naturaleza, el destino, como prefieras llamarlo).
3. Reflexionar sobre cómo todo esto afecta a las personas con las que convivimos y cómo podemos usarlo para ayudarlas o aprender de ellas.

26. Si el dolor fuera algo realmente malo, tendría que serlo por una de dos razones: o afecta al cuerpo, o afecta al alma.

Pero el cuerpo, por sí solo, no siente nada; es simplemente materia. Entonces, si el dolor afecta al alma, es porque el alma lo interpreta como algo malo.

Pero tú tienes el poder de decidir cómo interpretar el dolor. Tu mente puede elegir mantener la calma y no considerar el dolor como algo negativo. Recuerda: todo juicio sobre lo que es bueno o malo viene de dentro. Nada externo puede afectar tu paz interior a menos que tú lo permitas.

27. Límpiate de todas esas ideas inútiles que te distraen y repítete constantemente:

"Si quiero, tengo el poder de mantener fuera de mi mente toda maldad, todo deseo descontrolado, toda preocupación y confusión. También puedo elegir ver las cosas tal como son y darles el valor que realmente tienen, ni más ni menos."

Recuerda que tienes ese poder porque la naturaleza te lo dio. Úsalo.

28. Cuando hables en el Senado o con cualquier persona, mantén siempre un tono serio y respetuoso. Pero no necesitas ir por ahí sermoneando a todo el mundo sobre lo que es verdaderamente bueno o cómo son las cosas en realidad.

Sé sincero y directo, pero sin sonar arrogante o superior. La verdad y la razón ya hablan por sí solas.

29. Piensa en el tiempo del emperador Augusto[41]: su esposa, su hija, sus nietos, sus yernos, su hermana, Agripa, sus parientes, sus sirvientes, sus amigos; incluso sus adivinos y sacerdotes... Todos ellos ya murieron. Es como si toda su corte hubiera desaparecido de un solo golpe. Ahora piensa en todos los que vinieron después de él. ¿La muerte los trató diferente solo porque eran poderosos o famosos? No, a todos nos llega igual. Reflexiona también en las familias importantes, como la de los Pompeyos[42], que alguna vez tuvieron tanto poder y prestigio, y cómo al final desaparecieron por completo.

Es curioso pensar en cuántos se esforzaron por dejar herederos y continuar su linaje, y, sin embargo, tarde o temprano, siempre hay alguien que se convierte en "el último de su familia". La muerte no hace excepciones.

30. Simplifica tu vida concentrándote en una acción a la vez. Si en cada cosa que haces das lo mejor de ti, eso es suficiente. Nadie puede impedirte actuar con justicia, templanza y con gratitud hacia la vida.

Puede que encuentres obstáculos, pero incluso cuando algo te impide hacer lo que planeabas, puedes adaptarte con serenidad. Transforma ese impedimento en una oportunidad de actuar de otra manera, igual de digna y correcta. La clave está en tu actitud.

31. Cuando recibas bendiciones materiales, acéptalas sin presumir. Y cuando llegue el momento de dejarlas ir, hazlo con la misma facilidad con la que las recibiste.

32. Si alguna vez has visto una mano, un pie o una cabeza separados del cuerpo, tirados en algún lugar, entonces entiendes cómo se ve alguien que se aísla del mundo.

Eso es lo que te haces a ti mismo cuando te enojas por lo que sucede, cuando rompes tus lazos con los demás o cuando actúas sin compasión.

Si te alejas de la humanidad, es como si te arrancaras del cuerpo al que perteneces. Naciste para ser parte de un todo, pero al aislarte, te cortas a ti mismo.

La buena noticia es que, a diferencia de un miembro amputado, tú puedes volver a unirte. La naturaleza te da la oportunidad de regresar, de reconectar, y de volver a ser parte de la comunidad humana.

33. El universo tiene una cualidad interesante: todo lo que se le opone, al final, termina sirviendo a sus propósitos. Incluso cuando algo intenta ir en contra de la naturaleza, ella lo usa a su favor para seguir su curso.

De la misma manera, tú puedes tomar cualquier obstáculo o dificultad y convertirlo en una herramienta para alcanzar tus metas y encontrar la felicidad.

En vez de luchar contra lo que no puedes cambiar, úsalo como parte de tu camino. Todo puede servirte si sabes cómo verlo.

34. No dejes que te agobie pensar en lo difícil que puede ser la vida. No dejes que tu mente empiece a dar vueltas, acumulando todos los problemas y desgracias que podrían pasarte, como le podrían pasar a cualquiera. Cuando te encuentres frente a una

dificultad, pregúntate a ti mismo: "¿Qué es exactamente lo que hace que esto me parezca insoportable?" Te darás cuenta de que, en realidad, te da vergüenza admitirlo.

Luego, recuerda esto: ni el futuro ni el pasado pueden hacerte daño; solo el presente tiene ese poder. Y si logras ver el problema como algo que solo afecta al instante presente, te darás cuenta de que es mucho más pequeño de lo que pensabas. Si no puedes soportarlo ni siquiera por un momento, entonces quizás sea momento de cuestionar tu paciencia.

35. ¿Acaso Panthea o Pergamo[43] siguen todavía al pie de las tumbas de sus amos? ¿O lo hacen Chabrias[44] o Diotimo[45] en la de Adriano? ¡Qué tontería! Pero supongamos que lo hicieran, ¿crees que sus amos lo sabrían? ¿Y si lo supieran, les importaría? ¿Y si les importara, los haría eso inmortales? ¿No era su destino, como el de cualquier otro, envejecer y morir algún día? Y cuando ellos murieron, ¿qué pasó con aquellos que los lloraban?

Al final, ¿para qué sirve todo esto? Solo estamos llorando por un saco de sangre y huesos que, tarde o temprano, se corromperá.

36. Si tienes una mente aguda, úsala para juzgar con sabiduría y decidir con buen criterio. Eso es lo que realmente importa.

37. En la naturaleza humana, no veo ninguna virtud que se oponga a la justicia. Sin embargo, sí veo una virtud que puede frenar el deseo desmedido de placer: la templanza.

38. Si puedes apartar de tu mente la idea de que algo es dañino u ofensivo, estarás a salvo. Pero ¿quién es ese "tú" que estará a salvo? Tu razón. "Sí, pero yo no soy solo razón". Puede ser, pero

al menos no dejes que tu razón se llene de tristeza. Y si hay alguna parte de ti que se siente mal, deja que esa parte cargue con su propio sufrimiento, si es que puede.

39. Si algo afecta a tus sentidos, es un mal solo para tu naturaleza sensible. Si algo impide tus deseos o intenciones, es un mal solo para esa parte de ti que desea. Lo mismo pasa con tu cuerpo: si algo impide su funcionamiento, es un mal para tu salud física.

Entonces, si algo impide a tu mente razonar con claridad, eso sí es un mal para tu naturaleza racional. Piensa en esto cuando enfrentes dolor o placer: que sean tus sentidos los que lo manejen.

¿Te encontraste con un obstáculo en tu camino? Si planeaste tu meta sin considerar posibles dificultades, entonces tu mente ha sido golpeada. Pero si aceptaste desde el principio que cualquier cosa podría pasar, entonces no hay daño ni impedimento real. Nada puede detener a tu mente si ella no se deja afectar. Ni el fuego, ni el hierro, ni el poder de un tirano, ni las habladurías pueden penetrarla.

40. Si tu mente es firme y completa, no hay nada que la pueda cambiar.

41. ¿Por qué debería preocuparme si nunca he intentado preocupar a los demás? Cada persona encuentra alegría en cosas diferentes. Para mí, mi mayor alegría es mantener mi mente sana, sin enemistades ni rechazos hacia nadie, aceptando todo lo que me toca vivir como parte de mi experiencia humana.

Si puedo ver el mundo con amabilidad, aceptar las cosas tal como son y responder de manera justa, entonces estoy en paz.

42. El tiempo presente es lo único que realmente te pertenece. Aquellos que buscan fama después de morir no se dan cuenta de que las personas del futuro serán tan difíciles de soportar como las de ahora. Además, también serán mortales.

Si muchas personas con muchas opiniones hablan sobre ti, ¿qué importa? ¿De qué te sirve lo que piensen o digan cuando ya no estés?

43. Ponme donde quieras, no me importa. Donde sea que esté, llevaré conmigo mi espíritu interior, ese que siempre está satisfecho y en paz, mientras mantenga mis pensamientos en armonía y actúe según mi propia naturaleza.

44. ¿Es esto tan importante como para que mi alma sufra y se deteriore? ¿Es tan valioso como para deprimirme, descontrolarme, confundirme o llenarme de miedo? ¿Hay algo que realmente merezca tanta importancia?

45. Nada puede pasarte que no sea parte de la experiencia humana. Al igual que a un buey, a una vid o a una piedra solo les puede ocurrir lo que es natural para ellos, a ti solo te pasará lo que es natural para un ser humano.

Si lo que te molesta es algo externo, recuerda que no es eso lo que te afecta, sino lo que piensas sobre ello. Y tú puedes cambiar tu forma de pensar cuando quieras.

Si lo que te molesta es algo dentro de ti, entonces cambia tus creencias o actitudes. Pero si te molesta no haber hecho lo correcto, ¿por qué no simplemente hacerlo en lugar de sufrir?

Si algo más fuerte que tú te impide hacerlo, entonces no es tu culpa. Y si crees que la vida no vale la pena a menos que logres eso, entonces puedes irte de este mundo en paz, siempre y cuando te vayas sin rencor hacia aquellos que te lo impidieron.

46. Tu mente es invencible cuando se concentra en sí misma y no depende de nada más para estar en paz. Incluso si parece ir en contra de la lógica, no puede ser forzada a nada. Y si usa la razón para juzgar las cosas, aún menos.

Por eso, tu mejor refugio es una mente libre de pasiones. No hay fortaleza más fuerte ni protección más segura que esa.

El que no lo entiende, es ignorante. Y el que lo entiende, pero no recurre a ello, es verdaderamente desafortunado.

47. Cuando pase algo, quédate solo con lo que ves, sin añadirle nada más. Por ejemplo, si alguien te dice que han hablado mal de ti, simplemente acepta que han dicho eso. Punto. Pero si empiezas a pensar que eso te afecta o te hace daño, eso ya es cosa tuya, es tu opinión agregada al hecho. ¿Ves la diferencia?

Si ves que tu hijo está enfermo, reconoce simplemente que está enfermo. No te adelantes a imaginar que su vida corre peligro, porque eso ya es un añadido de tu mente.

La clave está en mantenerte en lo que ves y oyes tal cual es, sin dramatizar ni darle vueltas en tu cabeza. Observa las cosas como son, sin meterle tus interpretaciones o miedos.

48. ¿El pepino está amargo? No te lo comas. ¿Hay espinas en el camino? Esquívalas. Así de sencillo. No empieces a cuestionar por

qué existen cosas así en el mundo, porque alguien que entiende cómo funciona la naturaleza se reiría de ti por eso.

Sería como quejarte en el taller de un carpintero por ver virutas de madera o pedazos sobrantes. No es que no sepan dónde tirarlas; es que son parte del proceso.

El universo funciona igual. No tiene un "basurero" donde tirar lo que parece inútil o viejo. Todo lo recicla, todo lo transforma en algo nuevo, sin necesidad de buscar recursos fuera de sí mismo. Es completamente autosuficiente.

49. No seas perezoso ni descuidado en tus acciones. Tampoco seas problemático o conflictivo con los demás.

No dejes que tu mente divague sin rumbo, ni te encierres en ti mismo sin motivo.

No te quedes sin hacer nada, pero tampoco te agotes lanzándote sin control a todo lo que te venga en mente.

50. "Me atacan, me insultan, hablan mal de mí." ¿Y qué? ¿Acaso eso impide que tu mente siga siendo pura, prudente, justa y equilibrada?

Mira, un manantial de agua dulce sigue fluyendo igual de puro aunque alguien lo maldiga o le tire basura. La suciedad se dispersa y el agua sigue limpia, sin mancharse.

¿Quieres tener una mente así de fuerte y libre? Entonces trabaja en ti mismo constantemente, con sencillez, bondad y humildad.

51. Si no entiendes cómo es el mundo, tampoco entiendes en qué lugar estás tú.

Si no sabes para qué fue creado el mundo, tampoco sabrás cuál es tu propósito aquí.

¿Entonces qué sentido tiene buscar aprobación de gente que ni siquiera entiende dónde están o quiénes son? ¿Quieres que te alaben personas que a veces ni se soportan a sí mismas? ¿O que cambian de opinión a cada rato y se arrepienten de casi todo lo que hacen?

No tiene sentido vivir buscando agradar a quienes ni siquiera están en paz consigo mismos.

52. No solo compartimos el aire que respiramos, sino también una mente colectiva, una lógica que lo abarca todo.

Esa razón universal está en todas partes, así como el aire que lo rodea todo. Solo hay que saber conectarse con ella, dejar que fluya a través de nosotros.

53. La maldad en general no lastima al mundo. La maldad individual no daña a nadie más que al que la comete.

Cada persona es libre de elegir cómo actuar, y esa libertad es suya, no tuya.

Aunque todos estamos aquí para ayudarnos, nuestras mentes son independientes.

Si las malas acciones de otros pudieran hacerte daño, eso significaría que tu felicidad depende de ellos, y eso no es así. Solo tu propia maldad puede lastimarte, nada externo tiene ese poder.

54. El sol parece expandirse por todas partes, pero en realidad sus rayos se extienden sin perder su esencia.

Observa cómo un rayo de luz entra por una rendija: va en línea recta, no se desparrama ni se desvanece, incluso cuando encuentra obstáculos.

Tu mente debería ser así: extenderse sin dispersarse.

Si encuentra barreras, no debe chocar violentamente ni derrumbarse, sino mantenerse firme y seguir iluminando donde pueda.

Si alguien no acepta tu luz, ese es su problema, no el tuyo.

55. Si temes a la muerte, es porque temes no sentir nada o porque temes sentir de manera diferente[46]. Si no sientes nada, entonces no hay dolor ni sufrimiento. Y si sientes de otra manera, será en otra vida, así que en realidad no es una "muerte" como tal.

De cualquier forma, no hay nada que temer.

56. Todos fuimos creados para ayudarnos unos a otros.

Entonces, o ayudas enseñando con paciencia, o soportas a los demás con comprensión.

57. La mente no se mueve como una flecha en línea recta.

Puede tomar varios caminos, analizar situaciones desde distintos ángulos y aun así llegar al objetivo.

Es flexible y adaptable, no necesita seguir una ruta fija para ser efectiva.

58. Intenta comprender la mente y las intenciones de las personas con las que interactúas.

Al mismo tiempo, mantén tu mente abierta y accesible para que otros también puedan comprenderte.

Resumen del Libro

Este fragmento de Marco Aurelio trata sobre la fortaleza de la mente y cómo manejar las dificultades de la vida sin dejarnos arrastrar por las emociones negativas o las opiniones ajenas. Nos recuerda que el verdadero mal no está en lo que sucede, sino en cómo lo interpretamos.

Lo esencial

Marco Aurelio quiere que entendamos que nuestra mente es nuestra verdadera fortaleza. Nada externo puede dañarnos si no le damos ese poder. Si algo afecta a nuestros sentidos, es un problema físico. Si afecta nuestras emociones, es porque lo hemos permitido. La clave está en mantener la calma y no dejarnos llevar por lo que pensamos que "debería" ser, sino aceptar lo que es.

También nos habla de la importancia de vivir con autenticidad. No debemos preocuparnos por la opinión de los demás ni buscar su aprobación. ¿Por qué deberíamos valorar lo que piensan personas que ni siquiera están en paz consigo mismas? Además, nos invita a evitar la queja innecesaria. Si algo no nos gusta, simplemente lo aceptamos o lo cambiamos, sin darle más vueltas.

Aplicación práctica

Un compañero de trabajo habla mal de ti. Alguien en la universidad te critica sin motivo. Puedes quedarte rumiando el tema, cabrearte, intentar demostrar que no es cierto... o puedes entender que esas palabras no cambian nada. Sigues siendo la misma persona antes y después de que hablen de ti. Solo te afecta si tú lo permites.

Ahora piensa en algo más serio. Pierdes una oportunidad que querías. Te despiden. Termina una relación. ¿Duele? Sí. Pero no tiene por qué hundirte. Puedes pasarte días lamentándote o asumirlo y preguntarte: "Vale, ¿qué hago ahora?". Porque el golpe es real, pero el sufrimiento prolongado es opcional.

Incluso en los momentos más duros, cuando la vida te mete un puñetazo en la cara, sigues teniendo el control. ¿Te deja tu pareja? ¿Tu jefe te trata como basura? ¿Sientes que el mundo es injusto? Nada de eso puede tocarte de verdad si no lo dejas entrar. La vida sigue, contigo o sin ti. Tú decides si quedarte atrapado en la queja o levantarte y moverte.

Libro IX

1. Ser injusto es ser irrespetuoso con el universo. ¿Por qué? Porque el mundo está diseñado para que todos nos ayudemos mutuamente, en mayor o menor medida según las circunstancias, pero nunca para hacernos daño. Si actúas en contra de esto, estás yendo en contra de la naturaleza misma, que es como faltar al respeto a lo más sagrado que existe.

Piensa en esto: la naturaleza es como una madre para todos nosotros, conecta todo lo que existe. Todo lo que es ahora viene de lo que fue antes, como una cadena que nunca se rompe. Por eso, cuando mentimos intencionadamente, estamos actuando en contra de esa verdad universal y rompiendo esa armonía. Incluso si mentimos sin querer, estamos yendo en contra del orden natural de las cosas. Es como pelear contra el propio tejido del universo.

Si buscas el placer como lo único bueno y huyes del dolor como lo peor que puede pasarte, también estás siendo injusto. ¿Por qué? Porque entonces estarás quejándote de la naturaleza cuando da cosas buenas a quienes no lo merecen y cosas malas a quienes sí. La naturaleza no tiene favoritos; simplemente hace su trabajo.

Si temes el dolor o las dificultades, estás temiendo algo que, tarde o temprano, es parte de la vida. Y si persigues el placer a toda costa, podrías terminar haciendo cosas injustas para conseguirlo, lo cual claramente va contra la naturaleza.

La naturaleza no ve diferencia entre placer y dolor, vida y muerte, honor o deshonra. Todo eso le es indiferente. Si quieres vivir en armonía con el mundo, también deberías ver esas cosas de manera neutral. No te inclines por uno ni huyas del otro. Si no lo haces, estás yendo en contra de cómo funciona el universo.

Cuando digo que la naturaleza usa todo indiferentemente, me refiero a que todo sucede como parte del flujo de las cosas. El universo sigue su curso según una lógica antigua y profunda que lo conecta todo, como semillas que van creciendo y cambiando según el plan original de la creación.

2. Lo ideal sería marcharse de este mundo habiendo vivido sin mentiras, sin falsedad, sin vicios ni orgullo. Pero si no puedes lograrlo al cien por cien, al menos despídete de todo eso sin arrepentimientos, sintiéndote aliviado de dejar atrás lo malo, en lugar de aferrarte a una vida llena de errores.

¿No te has dado cuenta aún de que hay cosas de las que deberías huir? El verdadero problema no es una enfermedad o una desgracia; es dejar que tu mente se corrompa. Esa sí que es una plaga, mucho peor que cualquier enfermedad del cuerpo.

3. No veas la muerte con desprecio ni la temas. Acéptala como algo natural, como cuando un niño se convierte en adulto o cuando te salen canas. Todo forma parte del ciclo de la vida. Morir es simplemente otro paso en ese proceso.

Si lo piensas bien, ¿acaso no esperas con paciencia cuando un bebé va a nacer? Entonces, ¿por qué no esperar con la misma calma cuando tu alma está por dejar el cuerpo? Es parte del mismo ciclo.

Si te da miedo morir, prueba a verlo desde otra perspectiva: piensa en todo lo que dejas atrás. No hablo de las cosas buenas, sino de las dificultades y conflictos de vivir en un mundo lleno de gente con opiniones y actitudes que muchas veces no entiendes ni compartes.

No te digo que odies el mundo ni a las personas. Al contrario, deberías tratar a todos con paciencia y compasión. Pero si te cuesta lidiar con tanta contradicción, quizá la muerte no sea tan mala. Es una forma de descansar de esa lucha constante.

4. Cuando haces algo injusto, el mayor perjudicado eres tú mismo. ¿Por qué? Porque te conviertes en una peor versión de ti. No solo haces daño al cometer una mala acción, también cuando dejas de hacer algo que deberías haber hecho.

5. Si lo que pienso ahora mismo es claro y correcto, si mi acción es bondadosa y mi actitud hacia lo que venga de la vida es de aceptación, eso es suficiente. No necesitas más para estar en paz.

6. Deshazte de pensamientos inútiles, reflexiona antes de actuar, no te dejes llevar por deseos impulsivos. La clave es mantener tu mente libre, serena y en control de sí misma.

Si logras esto, vivirás en armonía contigo y con el universo.

7. Todos los seres vivos sin razón comparten una misma "alma irracional". Y todos los que sí tienen razón comparten una única "alma racional", que está dividida entre todos. Así como toda la tierra que pisamos es una sola, la luz que vemos es una sola y el aire que respiramos es el mismo para todos.

Todo lo que forma parte de algo más grande tiende naturalmente a unirse con ello. La tierra cae hacia la tierra. El agua se junta con el agua. El aire busca el aire. Si no fuera por obstáculos externos, estos elementos se mezclarían sin problemas. El fuego, por ejemplo, no solo sube por su propia naturaleza, sino que se une fácilmente a cualquier otra llama si nada lo impide.

Lo mismo pasa con los seres que tienen razón. Cuanto más elevada es su naturaleza, más fuerte es su deseo de unirse con otros de su misma especie. Los animales sin razón, aunque no tengan entendimiento, se agrupan en manadas, en nidos, en familias. Se cuidan entre ellos porque, aunque no piensan, sí tienen una especie de instinto que los impulsa a estar juntos.

Los humanos, al tener razón, fueron más allá: crearon ciudades, amistades, familias, reuniones, e incluso en la guerra establecen treguas y acuerdos. Y si subimos aún más, vemos que incluso los astros, aunque estén separados por enormes distancias, siguen una armonía común. La excelencia tiende a la unidad, y esa conexión llega incluso a lo más lejano del universo.

Pero, ¿qué ha pasado ahora? Somos los únicos seres que han olvidado esta inclinación natural de ayudarnos y estar juntos. En vez de unirnos, nos separamos. Sin embargo, por más que luchemos contra la naturaleza, ella sigue su curso. No podemos escapar de lo que somos: seres que necesitan a otros. Observa bien y lo verás. Es más fácil encontrar una piedra lejos de otras piedras que encontrar un humano que pueda vivir solo.

8. Cada cosa en el universo tiene su propia función, su "fruto". Un árbol da frutos en su momento. Un animal sigue su naturaleza. El mundo, los dioses y los humanos también tienen los suyos.

La razón, que es lo propio del ser humano, produce dos tipos de frutos: uno que compartimos con los demás (como cuando enseñamos o ayudamos), y otro que disfrutamos nosotros mismos (como cuando reflexionamos y aprendemos). La razón no se queda quieta, se expande y genera más razón, creciendo y multiplicándose.

9. Si alguien se comporta mal o no entiende algo, enséñale si puedes. Y si no puedes, recuerda que la paciencia y la bondad te fueron dadas para este tipo de situaciones.

Incluso los dioses son generosos con los que actúan mal: les dan salud, riqueza, y en ocasiones hasta los ayudan a alcanzar sus objetivos. Si ellos pueden hacerlo, ¿por qué tú no? ¿Qué te lo impide?

10. No trabajes como si fueras un esclavo de tu destino, como si estuvieras obligado a sufrir. Tampoco lo hagas esperando que los demás te admiren o te tengan lástima. Haz lo que tienes que hacer con una única intención: actuar siempre conforme a la justicia y el bien común.

11. Hoy he salido de todos mis problemas. No, mejor dicho: los he echado fuera de mí.

Porque no estaban en el mundo exterior, sino dentro de mí, en mis pensamientos. No se trata de "salir" de los problemas, sino de sacarlos de la mente. Solo así encontrarás verdadera paz.

12. Todo lo que ves y experimentas es común y pasajero. No hay nada nuevo. Todo es efímero. Todo es banal.

Las cosas eran así en los tiempos de aquellos que ya murieron, y siguen siendo igual hoy.

13. Las cosas que nos afectan están ahí fuera, sin emociones ni intenciones. No saben nada de sí mismas, ni pueden decirnos nada.

¿Quién es entonces el que decide qué significan para nosotros? Nuestra mente.

14. El bien y el mal no dependen de lo que sentimos, sino de lo que hacemos.

Lo mismo ocurre con la virtud y el vicio: no están en los sentimientos, sino en las acciones.

15. Cuando una piedra es lanzada hacia arriba, y luego cae, no sufre ningún daño.

Tampoco gana nada al subir.

Así deberíamos ver las cosas que nos pasan: sin apegarnos ni sentirnos perjudicados.

16. Si tienes miedo de lo que otros piensen de ti, primero detente a analizar sus mentes.

¿Qué tipo de personas son? ¿Cómo se ven a sí mismos?

A menudo descubrirás que no vale la pena preocuparse por su juicio.

17. Todo en el universo está en constante cambio.

Tú mismo estás cambiando en este momento, incluso decayendo en ciertos aspectos.

Y lo mismo ocurre con el mundo entero.

18. Si alguien ha hecho algo malo, ese es su problema, no el tuyo. ¿Por qué dejar que te afecte? Que se preocupe él por su propia falta.

19. Cada acción tiene un final. Cuando terminas algo, decimos que "ha llegado a su fin". Incluso una opinión puede llegar a su fin, como si muriera y dejara de existir. Y en todo esto, no hay nada malo ni dañino.

Ahora piensa en cómo envejecemos: primero eres un niño, luego un joven, luego adulto y finalmente anciano. Cada cambio es una especie de "muerte" de la etapa anterior, pero nunca nos lamentamos por ello.

Haz otro ejercicio: recuerda tu infancia con tus abuelos, luego tu vida con tus padres, y ahora tu presente. Han pasado muchas cosas, han cambiado muchas etapas, pero ¿alguna de esas transiciones te causó un sufrimiento real? Si la respuesta es no, entonces tampoco deberías temer el final de tu vida. Porque no es más que otro cambio, otra transición, como las muchas que ya has vivido.

20. Cuando te enfrentes a un problema, tienes tres caminos para afrontarlo:

1. Recurrir a tu propia razón: Asegúrate de que lo que decides sea justo y correcto.

2. Recurrir al orden del universo: Recuerda que eres parte de algo más grande y que todo tiene su lugar en el flujo natural de las cosas.

3. Recurrir a la razón de la otra persona con la que tratas: Piensa si está actuando por ignorancia o con conocimiento. Y nunca olvides que, por más diferencias que tengan, sigue siendo tu semejante.

21. Así como cada parte del cuerpo trabaja para el bienestar del cuerpo entero, cada uno de nosotros debe actuar en beneficio de la comunidad.

Si haces algo que no contribuye, ni directa ni indirectamente, al bien común, entonces es una acción inútil o incluso dañina. Es como si en medio de una orquesta un músico decidiera tocar una melodía distinta solo por capricho: estaría rompiendo la armonía del conjunto.

22. El enojo de los niños es como los juegos de bebés: sin sentido, sin propósito.

Las personas que se aferran a la vida como si cargaran con un cadáver sobre sus espaldas, luchando por no caer, son igual de ridículas.

23. Si algo te preocupa o te afecta, míralo con claridad.

Ve directo a la raíz de la situación, sin adornos ni dramatismos. Pregunta: ¿de dónde viene esto? ¿Cuánto tiempo durará? Cuando lo veas así, sin todo el peso que le pones encima, te darás cuenta de que casi todo es pasajero e insignificante.

24. ¿Cuántos problemas te has creado solo por no entender que la verdadera felicidad es simplemente dejar que tu mente funcione con naturalidad?

Cuánto sufrimiento podrías haberte ahorrado si hubieras aceptado que la clave de todo está en pensar con claridad y actuar con lógica, sin enredarte en deseos inútiles o miedos absurdos.

25. Si alguien te calumnia, te insulta o te trata con desprecio, no te dejes llevar por la emoción.

Mira más allá: trata de entender qué tipo de persona es, cómo piensa, cómo ve el mundo. Cuando lo hagas, te darás cuenta de que su opinión no tiene por qué afectarte.

Aun así, no lo odies. Es tu semejante, aunque esté equivocado. Incluso los dioses, que son superiores a nosotros, ayudan a los ignorantes enviándoles señales y guía a través de sueños y oráculos. Si ellos pueden ser pacientes, ¿por qué tú no?

26. Las cosas en el mundo van y vienen, pero siempre son las mismas.

O bien el universo lo ha pensado y planeado todo con sabiduría, en cuyo caso no hay nada que temer porque todo tiene su razón de ser...

O todo es puro azar, y entonces lo único que realmente importa es lo que tú hagas con lo que tienes.

En cualquier caso, no hay motivo para la angustia.

27. Pronto la tierra nos cubrirá a todos, y luego la tierra misma cambiará. Y después vendrán más generaciones, más cambios, una y otra vez, por toda la eternidad.

Si piensas en la velocidad con la que todo cambia y se transforma, ¿realmente vale la pena tomarse tan en serio los asuntos mundanos?

El universo es como un río imparable que arrastra todo con él.

28. Mira a esos políticos y "grandes pensadores" que van por la vida con aires de importancia, como si fueran los únicos que saben cómo funciona el mundo. ¿En serio crees que son tan sabios? La mayoría solo fingen. En el fondo, son personas frágiles, esclavas de la opinión ajena.

¿Y tú? No pierdas el tiempo tratando de impresionar a nadie. Solo haz lo que te corresponde, lo que la naturaleza te pide en este momento.

Tal vez pienses: "Pero el mundo nunca será perfecto, nunca habrá una sociedad ideal como la de Platón".

Está bien, no necesitas eso. Basta con que contribuyas un poco, con que ayudes a que las cosas mejoren aunque sea un poco. No subestimes los pequeños avances.

Ahora, ¿cómo sabes si alguien realmente ha cambiado y ha progresado? No te dejes engañar por las apariencias. Un cambio real no es solo actuar diferente en público, sino cambiar la forma en que se piensa. Sin eso, cualquier "progreso" es solo una máscara.

Mira a los grandes conquistadores y líderes de la historia. Alejandro Magno, Filipo, Demetrio... ¿Realmente entendieron el sentido de la vida? ¿Se gobernaron a sí mismos con sabiduría? Solo ellos lo saben. Pero si solo fueron hombres que impusieron su poder y buscaron gloria, entonces no son ejemplos a seguir.

La verdadera filosofía no es ostentación ni fama. Es simplicidad, humildad, vivir con lógica sin necesidad de presumir. No intentes convencerme de que el éxito es brillar ante los demás.

29. Imagina que estás en lo alto de una montaña y miras hacia abajo: ves rebaños de ovejas por un lado, sacrificios religiosos por otro; barcos navegando, algunos en medio de una tormenta y otros en aguas tranquilas. Todo lo que existe tiene su propia historia: cosas que apenas comienzan, otras que están cambiando, algunas que llegan a su fin. Piensa en la gente que vivió hace siglos, en los que aún no han nacido, en todas las culturas y civilizaciones que existen ahora mismo. ¿Cuántos de ellos ni siquiera saben que existes? ¿Cuántos, que antes hablaban bien de ti, en poco tiempo podrían criticarte? Así que, ¿de verdad crees que la fama o el reconocimiento valen la pena?

Entonces, quédate con esto: si te pasa algo que depende de los dioses, acéptalo con tranquilidad. Si algo depende de ti, hazlo con justicia. Y eso significa que tanto en tus pensamientos como en tus acciones, tu único objetivo debe ser hacer el bien a los demás. Porque, al final del día, eso es lo que realmente importa.

30. Muchas de las cosas que te preocupan solo existen en tu cabeza. Son problemas que tú mismo creas con tus pensamientos. Si dejas de darles tanta importancia, dejas de sufrir. Así de simple.

31. Trata de ver el mundo entero en tu mente, como si lo abarcaras en un solo vistazo. Piensa en cómo todo está en constante cambio. Nada dura mucho tiempo. Las cosas nacen y desaparecen en un abrir y cerrar de ojos. Pero lo que existió antes de que algo naciera y lo que existirá después de que desaparezca es infinito. Todo lo que ves ahora se desvanecerá pronto, y quienes vean cómo desaparecen las cosas también desaparecerán. Da igual si alguien vive cien años o solo unos pocos, al final todos llegamos al mismo destino.

32. ¿Te has puesto a pensar en qué cosas ocupan la mente de la gente? ¿Qué es lo que aman? ¿Qué es lo que odian? Imagínate que pudieras ver sus pensamientos como si fueran visibles. Se creen muy listos cuando critican a otros, piensan que hacen un gran favor cuando alaban a alguien. Pero en realidad, todo es pura ilusión.

33. Perder algo o que algo se deteriore no es más que un simple cambio. Y el universo ama el cambio, porque es lo que lo mantiene en marcha. Todo lo que pasa, pasa por una razón, y así ha sido siempre. ¿O de verdad crees que desde el principio de los tiempos todo ha estado mal? ¿Que los dioses no han podido arreglar nada? ¿O es que el mundo está condenado a ser un desastre para siempre?

34. Si lo piensas bien, todo lo que nos rodea es bastante común y corriente. Nuestros cuerpos no son más que agua y polvo, hechos de los mismos materiales que cualquier cosa que se pudre. Y esas cosas que la gente tanto valora, ¿qué son en realidad? El mármol no es más que un pedazo de piedra de la tierra. El oro y la plata son solo residuos minerales. Las telas caras no son más que lana de oveja, y sus colores vienen del jugo de un molusco. Todo lo

que ves a tu alrededor, incluso tu propia vida, no es más que un soplo de aire caliente que en cualquier momento cambia de forma.

35. ¿Hasta cuándo seguirás quejándote de todo? ¿Qué es exactamente lo que te molesta? ¿Es algo nuevo o lo mismo de siempre? ¿Es la causa del problema o su efecto? Míralo bien. ¿De verdad es tan grave? Porque fuera de eso, no hay nada más. Y ya va siendo hora de que hagas lo que te toca con humildad y gratitud, sin tantas complicaciones.

36. Da lo mismo si ves estas cosas durante cien años o solo por tres. Al final, el efecto es el mismo.

37. Si alguien actúa mal, el problema es suyo, no tuyo. Y quizá ni siquiera ha actuado mal.

38. Si todo lo que sucede en el universo tiene un propósito, porque todo forma parte de un mismo sistema, entonces no tiene sentido quejarse. ¿O acaso crees que una parte del todo debería quejarse de lo que pasa con el resto? Y si por el contrario, todo es solo un conjunto de átomos chocando al azar, sin orden ni propósito, y la vida no es más que una casualidad, y la muerte solo una dispersión de esas partículas… ¿entonces qué sentido tiene preocuparse?

39. ¿De verdad crees que tu parte racional puede morir y corromperse como si fuera un pedazo de carne? ¿Acaso tiene necesidades físicas? ¿Acaso se alimenta como un animal? ¿O produce desechos? No, lo que muere es el cuerpo, pero tu esencia es otra cosa.

40. O los dioses pueden ayudarte o no pueden hacer nada por ti. Si no pueden, ¿para qué rezas? Y si pueden, ¿por qué no pides algo realmente útil? En lugar de pedir que te den lo que deseas o que te quiten lo que temes, ¿por qué no rezas para no estar tan preocupado por esas cosas? ¿Por qué no pides poder afrontar cualquier situación sin miedo ni ansiedad?

Si los dioses tienen el poder de ayudarnos, pueden ayudarte también a mantener la calma y la claridad.

Quizá pienses: "Pero los dioses me han dado libertad para decidir, está en mis manos". Vale, pero si tienes esa libertad, ¿no sería mejor usarla para liberarte de las cadenas del miedo y el deseo? ¿No es mejor eso que vivir esclavizado a cosas que ni siquiera están bajo tu control?

Y, por otro lado, ¿quién te ha dicho que los dioses no pueden ayudarte también en lo que está en tu poder? Pruébalo. Pídeles no obsesionarte con querer acostarte con alguien, no estar desesperado por deshacerte de alguien que te molesta, no sentir pánico de perder a un ser querido. En lugar de pedir que cambien las cosas externas, pide fuerza para aceptarlas como vienen. Verás qué pasa.

41. Epicuro decía algo así cuando estaba enfermo: "No pierdo el tiempo hablando de mis dolores ni quejándome de mi cuerpo. En cambio, me concentro en cosas que realmente importan. Por ejemplo, en cómo mi mente puede mantenerse en calma y libre, aunque mi cuerpo sufra".

No dejó que su bienestar dependiera de los médicos ni pensó que recuperar la salud fuera lo más importante. De hecho, decía que estaba satisfecho con su situación tal como estaba.

Así que, si alguna vez enfermas o te enfrentas a cualquier otra dificultad, haz lo mismo. No dejes que nada te aleje de tu filosofía ni prestes atención a las tonterías que dice la gente ignorante.

42. Cada persona, en su oficio o profesión, se centra solo en lo que tiene delante y en las herramientas que necesita para hacerlo bien. Haz tú lo mismo con tu vida.

43. Si alguien te molesta con su grosería o descaro, pregúntate a ti mismo: "¿De verdad creía que en el mundo no iba a haber personas así?". Es inevitable que existan. No esperes lo imposible.

Ese tipo de personas son parte de la vida, igual que las piedras en el camino. Así que no te sorprendas cuando te encuentres con una.

Y cuando alguien te saque de quicio, recuerda que la naturaleza te ha dado una herramienta para enfrentarte a cada tipo de persona desagradable. Contra la ingratitud, puedes responder con paciencia y bondad. Contra la deslealtad, con firmeza y serenidad.

Además, ¿no puedes tratar de corregir a alguien si está equivocado? Porque cada vez que alguien actúa mal, en el fondo es porque se ha desviado del camino y no sabe lo que hace.

Y aquí viene algo importante: ¿Qué daño real te hacen esas personas? Ninguno, a menos que dejes que su comportamiento afecte tu mente.

Y si te sorprendes cuando alguien actúa mal, quizá el problema no sea tanto su comportamiento, sino tu expectativa de que no lo haría. Deberías haberlo visto venir.

Sobre todo, cuando ayudas a alguien, no esperes nada a cambio. ¿Acaso el ojo pide una recompensa por ver? ¿O el pie por caminar? No. Están hechos para eso, como tú estás hecho para hacer el bien.

Cuando haces algo bueno, ya has recibido tu recompensa: has actuado según tu naturaleza. ¿Qué más quieres?

Resumen del Libro

Marco Aurelio nos recuerda que actuar injustamente es ir contra el orden natural de las cosas. La naturaleza funciona en armonía y todo está interconectado, por lo que engañar, mentir o buscar solo el placer rompe esa armonía. También nos invita a ver la muerte como un proceso natural, a no dejar que el juicio de los demás nos afecte y a vivir con rectitud, sin esperar recompensas externas. Finalmente, enfatiza la importancia de la comunidad: así como cada parte del cuerpo trabaja para el todo, los seres humanos debemos actuar en beneficio de los demás.

Lo esencial

Lo que Marco Aurelio quiere que entiendas es que todo en el universo sigue un orden, y tú eres parte de él. Si te dejas llevar por el placer o el miedo al dolor, si actúas con injusticia o te aferras a cosas pasajeras, estarás yendo en contra de esa armonía. La clave está en vivir con virtud, aceptar los cambios sin resistencia y no dejar que lo externo controle tu paz interior.

Aplicación práctica

- **No busques culpables externos.** Si algo te afecta, pregúntate primero cómo lo estás interpretando. A veces, el problema no es lo que sucede, sino cómo lo percibes.
- **Acepta lo inevitable.** En vez de quejarte por lo que no puedes cambiar, intenta fluir con ello. El dolor, las dificultades y la muerte forman parte de la vida, como las estaciones del año.
- **Actúa con justicia, aunque nadie te mire.** No necesitas reconocimiento para hacer lo correcto. Hazlo porque es lo que te acerca a tu mejor versión.
- **No te dejes arrastrar por el juicio de los demás.** La opinión ajena es efímera. Antes de preocuparte por lo que alguien piense de ti, pregúntate si esa persona realmente merece tanta importancia en tu vida.

Libro X

1. Algún día, alma mía, serás libre. Algún día serás pura, transparente, sin tantas complicaciones ni cargas, más visible y honesta que el cuerpo en el que habitas.

Un día entenderás la verdadera felicidad: la de aquellos que aman sin ataduras y han dejado de aferrarse a las cosas del mundo. No necesitarás nada de afuera para sentirte completa. No dependerás de placeres pasajeros, ni del clima, ni de la opinión de los demás. Te bastará con el presente, porque verás que lo que tienes es suficiente.

Llegará el día en que entenderás que todo lo que sucede es para tu bien, porque forma parte del orden del universo, de esa lógica que lo mantiene en equilibrio. Y confiarás en que el futuro también encajará en ese equilibrio, porque todo lo que nace, cambia y muere sigue un mismo patrón, un ciclo eterno de creación y renovación.

Cuando ese día llegue, vivirás en paz con los dioses y con las personas. No te quejarás por lo que hagan o dejen de hacer, y tampoco harás nada de lo que después puedas avergonzarte.

2. Si quieres vivir según la naturaleza, primero tienes que entender qué es lo que realmente necesitas. Pregúntate: ¿esto que deseo es esencial para mí?

Si ves que no te hace daño como ser vivo, entonces sigue adelante. Pero antes de decidir, ve un paso más allá: pregúntate si esto que quieres está en armonía con tu capacidad de razonar.

Porque lo que es verdaderamente racional siempre es beneficioso para la comunidad.

Si sigues este principio, no perderás tiempo en tonterías ni te desviarás del camino.

3. Todo lo que te pasa en la vida es, por naturaleza, algo que puedes o no puedes soportar.

Si puedes soportarlo, no te quejes. Afróntalo con la fortaleza que tienes dentro.

Si no puedes, tampoco te angusties, porque entonces eso acabará contigo y con tu sufrimiento al mismo tiempo.

Pero hay algo más: muchas veces creemos que no podemos con algo, cuando en realidad sí podemos, solo que nos hemos convencido de lo contrario. Si cambias tu forma de ver las cosas y entiendes que puedes sobrellevarlas, descubrirás que en realidad sí eres capaz.

4. Si alguien hace algo mal, enséñale con paciencia y respeto. Hazle ver su error sin arrogancia.

Si no puedes hacerlo entrar en razón, entonces revisa si el problema no está en ti. Y si de verdad hiciste todo lo posible y no dependía de ti, entonces suéltalo.

5. Todo lo que te pasa ya estaba destinado a pasar desde el principio de los tiempos.

El mismo proceso que te trajo al mundo, también determinó lo que experimentarás en él. No es casualidad. Todo encaja en un orden más grande.

6. O creemos, como Epicuro, que el universo es solo una suma de átomos sin sentido, o aceptamos que hay una naturaleza que lo gobierna todo.

Si aceptas que el universo tiene un orden, entonces también tienes que aceptar que formas parte de él. Y no solo eso: compartes esa naturaleza con los demás seres humanos. Somos parientes en el gran esquema de las cosas.

Si recuerdas esto, nunca te sentirás víctima de lo que te ocurre. Porque si algo es bueno para el universo en su conjunto, también lo es para ti, que formas parte de él.

La naturaleza no genera nada que vaya en su contra. Y el universo, que está por encima de todo, no puede ser obligado a hacer nada que no quiera. Así que todo lo que existe, de alguna manera, tiene un propósito.

Si vives con esta idea en mente, no te amargarás por lo que te pase. Y, como parte de una comunidad, harás lo correcto por el bien común, porque sabrás que el bienestar de todos es también el tuyo.

Si interiorizas esto, serás como un buen ciudadano: uno que trabaja por su comunidad y que se siente en armonía con ella. Y así, llevarás una vida feliz.

7. Todo en el mundo cambia. Todo lo que existe dentro del universo está destinado, tarde o temprano, a transformarse.

Podría decir "alterarse", que es una palabra más precisa, pero voy a usar "descomponerse" porque es lo que la mayoría entiende mejor.

Si esto fuera algo malo y al mismo tiempo inevitable, ¿no crees que el universo entero estaría en una situación bastante desastrosa? Si todas sus partes se están desgastando constantemente, si todo está hecho de cosas opuestas que se terminan anulando, ¿no significaría eso que el universo mismo está condenado a la destrucción?

Pero piénsalo bien: ¿de verdad la naturaleza, esa fuerza que lo rige todo, diseñó las cosas con la intención de que sufran y se destruyan? ¿De verdad creó el mundo con el propósito de que sus partes sufrieran sin remedio? O peor aún, ¿lo hizo sin darse cuenta de lo que estaba haciendo?

Ambas ideas son ridículas.

Ahora bien, aceptemos que cada cosa en el mundo está hecha para cambiar. ¿No es absurdo sorprenderse cuando algo se enferma o muere? Si todo en la naturaleza está hecho para transformarse, entonces la muerte y el cambio no son más que procesos normales.

Y hay algo más: todo lo que desaparece, en realidad, solo se descompone en sus partes más básicas. No se pierde, solo se reintegra en aquello de lo que vino. Un cuerpo puede volver a la tierra, y su esencia más ligera puede regresar al aire. Nada se desperdicia. Todo regresa a las semillas fundamentales del universo.

El universo entero sigue este ciclo: a veces se consume por el fuego, otras veces se renueva poco a poco a través del cambio constante. Así ha sido y así será siempre.

Ahora piensa en ti mismo. ¿De verdad crees que eres la misma persona que cuando naciste? Ni siquiera físicamente lo eres. Tu cuerpo está hecho de lo que comes, del aire que respiras. Lo que eres hoy no es lo que recibiste de tu madre al nacer, sino lo que has tomado del mundo a lo largo del tiempo.

Así que, cuando llegue el momento de cambiar o descomponerte, entiende que lo único que desaparece es lo que ya te había llegado de afuera. No te aferres. Todo fluye como un río, siempre renovándose.

8. Si quieres que te llamen una persona buena, honesta y sensata, asegúrate de vivir como tal. No hagas nada que contradiga esos valores, o dejarás de merecer esos nombres.

Y si alguna vez te alejas del camino, vuelve a él lo más rápido que puedas.

Recuerda lo que realmente significan estos principios:

- **Ser sensato** es estar siempre atento a lo que pasa a tu alrededor, sin distraerte con cosas sin importancia.
- **Ser aceptador** significa recibir lo que la vida te mande sin quejarte, sabiendo que todo ocurre por una razón dentro del orden natural.
- **Ser elevado** es tener una mente por encima de los placeres y los dolores del cuerpo, del miedo a la muerte,

del deseo de fama o riqueza. Es entender que nada de eso es realmente importante para alguien sabio.

Si te mantienes firme en estos valores, sin preocuparte por lo que otros piensen de ti, serás una persona nueva, como si hubieras renacido.

Seguir viviendo con las mismas preocupaciones y distracciones de siempre, sufriendo por lo mismo una y otra vez, es como si fueras un gladiador malherido en la arena del circo, pidiendo que lo dejen vivir un día más solo para volver a ser destrozado por las fieras al día siguiente.

No hagas eso. No te aferres a una vida llena de sufrimiento solo por costumbre.

En vez de eso, abandona todo lo que te atormenta y trasládalo todo a estos pocos valores esenciales. Vive solo en ellos. Y si logras quedarte ahí, considérate afortunado, como si hubieras llegado a una tierra bendita, un paraíso como el que describieron Hesíodo[47] y Platón, esos lugares míticos donde solo habitan los sabios y los justos.

Pero si en algún momento te das cuenta de que no puedes seguir firme en este camino, si ves que el mundo te arrastra de nuevo hacia preocupaciones y deseos que te alejan de tu paz interior, busca un espacio donde puedas recomponerte. Retírate, encuentra un lugar tranquilo donde puedas recuperar el control de ti mismo.

Y si incluso eso te resulta imposible, si la vida te pone en una situación en la que no puedes ser fiel a estos principios, entonces quizás sea mejor dejarla. No por rabia, no por desesperación, sino con serenidad, como alguien que decide marcharse porque ha cumplido su propósito.

No olvides esto: lo que los dioses esperan de nosotros no son rezos, ni palabras bonitas, ni ofrendas. Lo que quieren es que vivamos de acuerdo con nuestra naturaleza.

Así como el árbol da frutos, el perro ladra y la abeja hace miel porque es lo que les corresponde hacer, nosotros debemos hacer lo que nos define como seres humanos: ser razonables, justos, valientes y dueños de nosotros mismos.

9. En casa, tonterías y distracciones. Fuera, guerras y conflictos. A veces miedo, a veces apatía total. Y así vas, atrapado en esta rutina que te esclaviza. Si no prestas atención, poco a poco esas ideas profundas que llevas dentro van a desvanecerse.

Piénsalo, ¿cuántas cosas has analizado solo por curiosidad, sin sacar nada útil de ello? Como si la contemplación y la acción fueran cosas separadas, cuando en realidad deberían ir de la mano. Lo ideal es que puedas hacer las cosas bien, con atención y esfuerzo, pero sin perder de vista el placer que da entender el mundo como es. Porque la acción puede estar llena de obstáculos, pero la capacidad de ver las cosas con claridad siempre está ahí para darte satisfacción y paz.

Ahora bien, ¿cuándo vas a lograr esa tranquilidad sencilla y auténtica? ¿Cuándo vas a disfrutar de ver cada cosa tal cual es, sin engaños? ¿Qué está hecha de tal o cual material, para qué sirve, cuánto tiempo dura, de qué partes se compone, quién la puede obtener y quién la puede perder?

10. Un mosquito atrapado en la telaraña, el cazador que atrapa una liebre, el pescador que saca un pez de la red, el guerrero que derriba un oso o un jabalí... todos ellos sienten orgullo de su "hazaña".

Pues lo mismo pasa con los soldados que presumen de haber vencido a sus enemigos. Pero si miras en sus mentes, en el fondo, ¿qué están haciendo? Simplemente cazan su presa.

11. Hazte el hábito de ver todo como parte de un cambio constante. Unas cosas se transforman en otras, y así sigue el ciclo. Tenlo presente siempre y ejercítalo hasta que lo tengas claro. Porque nada te dará más fuerza y grandeza que comprender esto.

12. Cuando alguien se da cuenta de que pronto tendrá que dejar este mundo y todo lo que hay en él, se libera. Se enfoca en dos cosas: hacer lo correcto y aceptar lo que venga con tranquilidad.

Ya no le importa lo que otros piensen, digan o hagan contra él. Solo sigue su propio camino, el que dicta la razón y la justicia. Y al hacerlo, sigue el curso de la naturaleza, sin más distracción ni preocupación.

13. ¿Para qué andar con sospechas y preocupaciones sobre lo que vendrá? Si puedes entender lo que tienes que hacer ahora, hazlo. ¿Y si no lo tienes claro? Entonces espera, o pide consejo a alguien sabio.

Si hay algo que te impide actuar, avanza con prudencia y adapta tu camino según las circunstancias. Pero siempre con la intención de hacer lo correcto. Porque si te equivocas en esto, ahí sí que realmente has fallado.

14. ¿Qué es algo lento y rápido a la vez? ¿Alegre pero serio?

La persona que sigue la razón en todo lo que hace.

15. Cuando despiertes por la mañana, antes de que tus emociones o lo que pasa a tu alrededor influyan en ti, hazte esta pregunta:

Si algo justo y correcto necesita hacerse, ¿importa realmente si lo hago yo o lo hace otro en mi lugar?

No, no importa.

Y si sigues preocupado por lo que la gente dice o piensa de ti, recuerda qué clase de personas son. ¿Cómo son en su vida privada? ¿Qué buscan? ¿De qué huyen? ¿Cómo engañan y roban, no con las manos, sino con la mente? Una mente que, si quisiera, podría llenarse de justicia, verdad y bondad en lugar de artimañas y mentiras.

16. Alguien verdaderamente humilde y sabio diría:

"Señor, dame lo que quieras y quítame lo que quieras".

Pero no lo dice con rebeldía o resignación, sino con amor y aceptación sincera.

17. Vive como si estuvieras solo en una montaña apartada, sin depender del mundo ni de lo que la gente piense de ti. Porque da igual dónde estés, el mundo es como un solo pueblo gigante.

Deja que vean en ti a alguien que realmente vive según su naturaleza humana. Si no pueden aceptarlo, que te maten si quieren. Mejor eso que vivir según sus reglas absurdas.

18. Deja de hablar sobre cómo debería ser una buena persona y simplemente sé una.

19. Recuerda siempre lo inmenso que es el tiempo y el universo. Frente a eso, cada cosa individual es insignificante, como una semilla minúscula. Y en cuanto a su duración, es apenas un instante, como un mortero girando una sola vez en el molino.

Cuando mires cualquier cosa del mundo, imagínala ya en proceso de descomposición o transformación. Porque todo lo que existe, sin excepción, está en camino a cambiar o desaparecer.

20. Mira cómo son en su día a día: cuando comen, cuando duermen, cuando van al baño, cuando se dejan llevar por el deseo. Obsérvalos cuando se sienten en la cima del mundo, rodeados de lujo y admiración, o cuando están furiosos, gritando órdenes desde lo alto de su poder. ¿Hace cuánto tiempo estaban haciendo lo que fuera necesario—por muy humillante que fuera—para llegar hasta ahí? Y dentro de poco, ¿qué será de ellos cuando la muerte los alcance?

21. Lo mejor para cada uno es lo que el mundo, con su lógica natural, le envía en cada momento. Y es mejor precisamente porque llega cuando tiene que llegar.

22. Los poetas dicen que la tierra anhela la lluvia, y que el cielo, a su vez, desea caer sobre la tierra. Es una especie de amor mutuo entre ambos. Lo mismo pasa con el universo y todo lo que ocurre en él. Si el mundo acepta lo que viene, ¿por qué no habrías de hacerlo tú también? Lo que el mundo quiere, que sea también lo que tú quieras. Porque el mundo *sí* quiere lo que pasa. Es como

cuando decimos que algo "suele ser así", como si tuviera voluntad propia de serlo.

23. Tienes tres caminos:

1. Seguir viviendo como hasta ahora, porque ya estás acostumbrado y puedes soportarlo.
2. Irte y alejarte de todo, pero solo si lo decides tú, no como un escape.
3. Que la vida se acabe de repente, lo cual tampoco es tan terrible, porque simplemente habrás terminado tu tarea aquí.

Sea como sea, no hay motivo para angustiarse.

24. Piensa en esto: la soledad y los lugares apartados, que tantos filósofos buscan, no son en sí mismos nada especial. La naturaleza es la misma en todas partes, ya sea en medio de la ciudad o en la cima de una montaña. Lo que realmente importa es que, estés donde estés, puedas hacerte a ti mismo las preguntas importantes:

- ¿Cuál es la parte de mí que realmente manda en mi vida?
- ¿La estoy usando bien o la estoy desperdiciando?
- ¿Está libre y funcionando con claridad, o se ha dejado arrastrar por los deseos y emociones del cuerpo?

25. Si alguien huye de su dueño, lo llamamos fugitivo. Pues bien, la ley natural es como el dueño de todos. Así que quien rechaza lo que la vida le trae—con tristeza, con ira o con miedo—es un fugitivo. Porque el universo entero funciona bajo esa lógica, distribuyendo lo que a cada uno le toca. Así que, si te rebelas contra lo que sucede, estás huyendo de la naturaleza misma.

26. Piensa en esto: cuando un hombre deja su semilla en el vientre de una mujer, el resto del proceso ya no depende de él. Algo más toma el relevo y, paso a paso, crea un ser humano a partir de ese inicio tan pequeño. Lo mismo pasa cuando comemos: tragamos la comida y después un proceso invisible dentro de nosotros la transforma en energía, en carne, en vida.

Reflexiona sobre estas cosas que ocurren fuera de nuestra vista, y no solo en el resultado, sino en la fuerza misteriosa que las hace posibles. Aunque no la veas con los ojos, puedes entender que está ahí, tan real como cualquier otra causa que mueve el mundo.

27. Ten siempre presente que todo lo que ves ya ha sucedido antes y volverá a suceder. Mira la historia: los reyes, los emperadores, las cortes llenas de intrigas y rivalidades... Cambian los nombres, pero el teatro es siempre el mismo. Observa el patrón y date cuenta de que no hay nada realmente nuevo.

28. Cuando veas a alguien que se lamenta y llora por alguna desgracia mundana, imagínalo como un cerdo chillando cuando lo llevan al matadero. Así es cualquiera que se queja de la vida.

Y recuerda: los seres humanos tenemos la capacidad de aceptar lo que nos pasa de manera voluntaria. Pero, nos guste o no, *todos* estamos sometidos a lo que el mundo decide. La diferencia está en aceptarlo con dignidad o en resistirse inútilmente.

29. Antes de angustiarte por la muerte, pregúntate: *¿Por qué debería molestarme que después de morir ya no pueda hacer esto o aquello?* Si lo piensas bien, no hay motivo real para que eso te cause sufrimiento.

30. Cuando alguien te moleste con su actitud o sus acciones, detente un segundo y piensa: *¿Yo mismo no he hecho lo mismo alguna vez?* Tal vez también te has dejado llevar por el deseo de dinero, reconocimiento o placer, igual que esa persona.

Si recuerdas esto, será más fácil calmar tu enojo. Y más aún si piensas en otra cosa: esa persona no lo hace a propósito, simplemente está atrapada en sus propias creencias erróneas. Si puedes, ayúdala a ver el error en su manera de pensar. Y si no puedes... pues entonces, ¿para qué enfadarte?

31. Cuando veas a Satyro, piensa en Socraticus y Eutyches, o en Hymen[48]. Cuando veas a Euphrates, recuerda a Eutychio y Silvano[49]. Si ves a Alciphron, piensa en Tropaeophorus[50]. Y si ves a Xenophon[51], recuerda a Crito[52] o a Severo[53]. Y cuando te mires a ti mismo, imagina a alguno de los Césares[54]. Haz esto con todos, buscando a alguien de su misma posición o profesión en el pasado. Y luego pregúntate: ¿dónde están todos ellos ahora? ¿Siguen aquí o ya no existen? Así te darás cuenta de que todas las cosas del mundo son como el humo, que se disipa y desaparece. O, en realidad, ni siquiera son nada. Especialmente si recuerdas que cualquier cosa que cambia, jamás volverá a ser igual mientras el mundo siga existiendo. Y tú, ¿cuánto tiempo crees que vas a estar aquí? ¿No te basta con aprovechar el tiempo que tienes, por poco que sea, viviendo con virtud y siendo la mejor versión de ti mismo?

32. ¿Por qué tienes tantas ganas de librarte de esta vida y de lo que estás viviendo? Piensa bien: todo lo que te rodea es una oportunidad para entender el mundo como es realmente. Es un campo de entrenamiento para tu mente. Aguanta un poco más, hasta que tu mente se fortalezca, como un estómago que aprende

a digerir cualquier alimento sin problemas o como un fuego tan fuerte que convierte en luz y calor todo lo que cae en él. Si consigues que todas estas experiencias te sean naturales y familiares, nada podrá contigo.

33. No permitas que nadie pueda decir con razón que no eres una persona honesta, sencilla y buena. Y si alguien lo dice, que esté equivocado. Porque eso depende de ti. ¿Quién te impide ser honesto y bueno? Solo tú mismo. Así que decide que prefieres dejar de vivir antes que traicionar lo que eres. Porque si alguien no vive de acuerdo con la razón y la virtud, ¿realmente está viviendo? En cada situación pregúntate: ¿qué es lo mejor que puedo hacer ahora? ¿Qué es lo más sensato? Lo que sea que debas hacer o decir, está en tu poder hacerlo. No te pongas excusas.

Deja de quejarte. La clave está en encontrar placer en hacer lo correcto, igual que otros encuentran placer en la comida, el dinero o los halagos. Cuando consigas disfrutar de actuar según tu verdadera naturaleza, todo cambiará.

Mira la naturaleza: el agua siempre fluye hacia abajo, el fuego siempre sube, una rueda siempre gira cuando la empujan por una pendiente. Cada cosa sigue su camino sin obstáculos. Pero lo realmente asombroso es que la mente humana, a diferencia de todo lo demás, puede atravesar cualquier barrera y seguir adelante. Nada puede detenerla si se mantiene firme en su propósito.

Así que enfócate en esta gran capacidad de tu mente: poder avanzar sin importar lo que pase. No busques nada más. Todos los obstáculos que no afectan directamente a tu mente son solo problemas del cuerpo o son ideas equivocadas que tú mismo aceptas sin luchar. Y si algo no puede empeorar tu carácter, tampoco puede dañarte de verdad. Piensa en esto: en cualquier otro ámbito, si algo realmente hace daño a una cosa, esa cosa se vuelve peor. Pero en el caso del ser humano, cualquier dificultad puede hacerlo mejor, más fuerte y más digno de admiración... si sabe cómo usarla bien.

Recuerda que nada puede dañar a un buen ciudadano si no daña también a la ciudad en la que vive. Y nada daña a la ciudad si no afecta a sus leyes. Pero ninguna de estas dificultades externas cambia las leyes ni destruye la justicia o el equilibrio que mantienen a la sociedad en pie. Entonces, si no afectan ni a la ley, ni a la ciudad, ni a la comunidad, tampoco pueden hacerte daño a ti.

34. Cuando un perro rabioso muerde a alguien, esa persona se vuelve paranoica y empieza a ver peligro en todas partes. Pues lo mismo le pasa a quien ha sido "mordido" por el conocimiento verdadero. Cuando la sabiduría deja su marca en alguien, cualquier cosa, por más simple o cotidiana que parezca, le sirve como un recordatorio para vivir sin miedo ni tristeza.

Por ejemplo, mira lo que dice el poeta:

"El viento sacude los árboles, sus hojas caen al suelo. Luego, en primavera, brotan nuevas ramas y todo vuelve a empezar. Así es la vida de los hombres: unos nacen, otros mueren."

Tus hijos son como esas hojas. Lo mismo pasa con quienes te aplauden y te alaban, con los que celebran cada palabra que dices como si fueras un sabio. Y también con los que te critican, los que te insultan a escondidas o se burlan de ti. Todos ellos son solo hojas, igual que los que vendrán después y recordarán los nombres de los grandes hombres del pasado. Nada de esto dura. Todo brota, crece, el viento sopla y lo arrastra. Y luego, del mismo tronco de la existencia, nacen nuevas hojas que reemplazan a las anteriores.

Si todo es así de efímero, ¿por qué persigues estas cosas como si fueran eternas? ¿O por qué les huyes como si fueran a atormentarte para siempre? En un abrir y cerrar de ojos, estarás muerto. Pronto, alguien llevará tu cuerpo a la tumba, y no pasará mucho tiempo antes de que otro llore por él. Así es la vida.

35. Un ojo sano no solo ve el verde de los árboles, sino todos los colores. Un ojo enfermo, en cambio, solo busca lo que le agrada. Lo mismo pasa con el oído y el olfato: deben percibir todos los sonidos y olores, no solo los que les gustan. Un estómago fuerte digiere cualquier comida, igual que una piedra de molino puede moler cualquier grano.

Pues tu mente debería ser igual de resistente. Debería poder afrontar cualquier situación sin quejarse. Pero si piensas: "*¡Ojalá mis hijos vivan para siempre!*" o "*¡Ojalá todos me reconozcan y me elogien!*", entonces estás actuando como un ojo débil que solo busca el verde, o como unos dientes que solo quieren morder comida blanda. No te hagas frágil con deseos innecesarios.

36. Nadie muere sin que alguien, en algún lugar, sienta cierto alivio por su muerte.

Si un hombre fue verdaderamente sabio y virtuoso, incluso así habrá alguien que diga:

"Bueno, al fin me libré de este tipo. No molestaba mucho, pero siempre me juzgaba en su interior."

Así hablan de los buenos. Pero ahora piensa en nosotros: ¿cuántas personas hay que estarían felices de no tenernos más cerca?

Si recuerdas esto cuando llegue tu hora, morirás con más serenidad. Podrás decirte: *"Me voy de un mundo donde incluso aquellos a quienes amé y por quienes me preocupé, en el fondo, prefieren que me marche. Creen que estarán mejor sin mí."*

Entonces, ¿qué sentido tiene aferrarse a la vida? Pero esto no significa que debas volverte frío o rencoroso. Al contrario, sigue tratándolos con cariño hasta el final. Sé su amigo, desea lo mejor para ellos, compórtate con amabilidad. Pero al mismo tiempo, no dejes que esto te haga temer a la muerte.

Míralo como quien muere sin dolor, cuya alma se desprende suavemente del cuerpo. Debes separarte de los tuyos del mismo modo. La naturaleza nos unió por un tiempo, y ahora nos separa. Acepta tu partida como quien se despide de un amigo querido, sin resistencia ni amargura. Porque esto también es parte del orden natural.

37. Haz un hábito de preguntarte, cada vez que veas a alguien hacer algo: *"¿Qué está buscando con esta acción?"*

Pero empieza por ti mismo. Examina con sinceridad cada cosa que haces y pregúntate: *"¿Por qué lo hago? ¿Qué espero obtener?"*

38. Recuerda que lo que realmente mueve a las personas no son las cosas externas, sino sus creencias y pensamientos. No es lo

que sucede afuera lo que nos afecta, sino lo que decidimos pensar sobre ello.

Ahí está el verdadero poder. Ahí está la vida. Eso, en realidad, es lo que somos.

El cuerpo es solo una herramienta, como un hacha en manos de un carpintero o una pluma en manos de un escritor. Sí, viene con nosotros desde que nacemos y nos acompaña toda la vida, pero no es lo que nos define.

Sin la mente que lo controla, el cuerpo no es más útil que un látigo sin cochero o una lanzadera sin tejedor. Lo que importa no es la herramienta, sino quien la usa.

Resumen del Libro

En este libro, Marco Aurelio sigue profundizando en sus reflexiones sobre la vida, la naturaleza humana y la importancia de la virtud. Nos habla de la fugacidad de todo lo que nos rodea, de cómo las personas cambian de posición—hoy pueden estar en la cima y mañana caer en el olvido—y de la necesidad de aceptar el curso natural de las cosas.

También insiste en que todo lo que nos sucede es lo mejor para nosotros porque forma parte del orden del universo. Nos recuerda que, al igual que la tierra recibe la lluvia sin resistencia, nosotros también deberíamos recibir lo que la vida nos trae con aceptación.

Otro punto clave es la reflexión sobre la muerte: no debemos temerla, porque es simplemente una transición más dentro del ciclo natural. Nos invita a vivir con dignidad, sin aferrarnos a deseos innecesarios ni dejarnos llevar por las emociones negativas.

Lo esencial

Lo que Marco Aurelio quiere que entiendas es que la vida no es algo que puedas controlar por completo, pero sí puedes decidir cómo reaccionar ante ella. Hay tres ideas clave en este libro:

1. **Todo lo que ocurre es parte del orden natural.** No hay injusticia en el universo, solo acontecimientos que suceden cuando tienen que suceder. Resistirse a ellos solo nos trae sufrimiento.
2. **La mente es lo único que realmente nos pertenece.** Podemos perder riquezas, salud o incluso la vida, pero nadie puede quitarnos nuestra capacidad de pensar y decidir cómo vivir.
3. **No hay nada nuevo bajo el sol.** La historia se repite una y otra vez, y los mismos patrones se han visto a lo largo de los siglos. Entonces, ¿por qué obsesionarnos con cosas efímeras?

Aplicación práctica

- **Deja de resistirte a lo inevitable.** Si algo está fuera de tu control, acéptalo en lugar de luchar contra ello.
- **No te aferres al reconocimiento o al poder.** La gente olvida rápido, y lo que hoy parece importante, mañana será irrelevante.
- **Domina tu mente.** Cuando te enfrentes a un problema, detente y pregúntate: "¿Esto realmente afecta quién soy?" Si no, no tiene sentido alterarse.

- **Recuerda que la muerte no es un enemigo.** En lugar de temerla, úsala como un recordatorio para vivir de acuerdo con tus valores mientras tengas tiempo. Muchos estoicos llevan recordatorios físicos, como anillos, monedas o inscripciones para no olvidar que cada día es una oportunidad que no vuelve.

Libro XI

1. ¿Sabes qué es lo más increíble que tiene una mente racional? Que puede verse a sí misma. Puede ordenarse, moldearse y ser lo que ella quiera. Todo lo que hace, lo hace para sí misma, a diferencia de los árboles o los animales, que dan frutos o sirven a otros sin darse cuenta.

Además, da igual en qué momento de su vida llegue el final, porque su existencia no es como la de un actor o un bailarín, que, si se detiene a mitad de una escena, deja la obra incompleta. No, la mente puede cerrar su ciclo en cualquier instante y decir con tranquilidad: *"He vivido, no me ha faltado nada de lo que realmente importaba".*

También es capaz de entender el mundo entero, ver su superficialidad, darse cuenta de que todo vuelve a repetirse con el tiempo. Si tienes un poco de inteligencia, cuando llegues a los cuarenta ya habrás visto lo suficiente como para entender que lo pasado y lo futuro son más de lo mismo.

Y hay algo más: el alma humana está hecha para amar a los demás, ser honesta y tener dignidad. Y eso mismo es lo que hace que la justicia y la razón sean lo mismo. Por eso, ser justos debería ser nuestro mayor objetivo.

2. Te fascina una canción, un baile, una competencia deportiva... pero si lo piensas bien, es fácil que pierdan su encanto. Prueba a dividirlos en partes: si analizas una canción nota por nota y te preguntas cuál de ellas es la que realmente te emociona, te darás

cuenta de que ninguna por sí sola tiene tanto poder. Lo mismo con un movimiento de baile o una llave de lucha.

Haz esto con todo lo que te deslumbra y verás cómo se vuelve más fácil desprenderte de esas emociones exageradas. Usa este truco también para observar tu vida entera.

3. Qué afortunado es quien está listo para soltar este cuerpo en cualquier momento, sin miedo, sin apego, ya sea porque desaparezca del todo, porque se disperse en la naturaleza o porque siga existiendo de otra forma.

Pero esta disposición no debe venir de la desesperación o la rabia, como les pasa a algunos cristianos que se aferran a sus creencias de manera obstinada y fanática. No, debe surgir de una comprensión tranquila y profunda de la vida, con tanta claridad que hasta otros quieran seguir tu ejemplo, pero sin necesidad de hacer ruido ni proclamas grandilocuentes.

4. Si has hecho algo bueno, ya has recibido tu recompensa: el simple hecho de haberlo hecho. Que esta idea esté siempre en tu mente.

Tu propósito en la vida es ser una buena persona. ¿Y cómo se logra eso? Entendiendo dos cosas: cómo funciona el universo y cómo es la verdadera naturaleza humana.

5. Las tragedias teatrales se inventaron para recordarnos que la vida está llena de altibajos y que, por mucho que la gente sufra en el escenario, al final todo sigue su curso. Nos enseñan que lo que sucede es parte de la naturaleza de las cosas y que no vale la pena desesperarse.

Algunas frases de esas obras son muy sabias. Por ejemplo: *"Si los dioses han decidido ignorarme a mí y a mis hijos, por algo será"*, o *"De nada sirve enojarse con la realidad"*.

Después de las tragedias, llegó la comedia antigua, que se dedicaba a burlarse de los vicios de la gente. Tenía un propósito útil: poner en evidencia los defectos de los poderosos para que la gente no se dejara engañar. Es el mismo espíritu que tenía Diógenes cuando ridiculizaba a los hipócritas.

Pero con el tiempo, la comedia perdió su intención crítica y se convirtió en puro entretenimiento. No está mal, pero hay que recordar que la mayoría de esas obras ya no buscan hacer pensar, sino solo divertir.

6. Si miras bien, te darás cuenta de que la vida que llevas ahora mismo es la mejor posible para alguien que quiere vivir con filosofía.

7. Una rama cortada del árbol deja de ser parte de él. Lo mismo pasa con una persona que se aparta de los demás: se separa de la comunidad, del todo.

La diferencia es que una rama no puede volver a unirse al árbol, pero nosotros sí. La naturaleza nos ha dado la posibilidad de volvernos a conectar con los demás.

Eso sí, si te alejas demasiado, cada vez será más difícil regresar. Y aunque puedas volver, nunca será lo mismo que si hubieras permanecido unido desde el principio.

8. Hay que estar unidos como ramas de un mismo árbol, pero en lo que de verdad importa: en la amistad, en el respeto, en el

afecto. No en opiniones o ideas pasajeras. Si alguien se opone a lo que haces, no permitas que eso te haga desviarte de tu camino ni que te llene de rencor hacia esa persona. Mantente firme en ambas cosas: en hacer lo correcto y en seguir tratándolo con amabilidad, aunque intente ponerte trabas o no le guste lo que haces. Porque fallar en cualquiera de las dos—dejar de hacer lo correcto por miedo o volverte frío y hostil con los demás—es igual de cobarde. Es como un soldado que huye del campo de batalla.

9. La naturaleza no puede ser inferior al arte, porque todas las artes imitan la naturaleza. Si esto es así, es imposible que la naturaleza, que lo abarca todo, sea menos sabia que una simple técnica humana. En todas las artes se da un principio básico: a veces sacrificamos algo menor para mejorar el conjunto. Y la naturaleza hace lo mismo. De ahí nace la justicia. Y de la justicia vienen todas las demás virtudes. Pero la justicia se pierde si nos obsesionamos con lo material, si nos dejamos engañar, si somos impulsivos o inconstantes.

10. Todo lo que tanto deseas o lo que tanto temes no viene a buscarte. Eres tú quien va tras ello. Así que cambia la forma en que lo ves. Si no te obsesionas con conseguir o evitar ciertas cosas, si dejas de correr detrás de ellas o de huir, verás que, en realidad, todo está en calma. No hay nada persiguiéndote, todo está quieto.

11. La mente es como una esfera perfecta cuando está en equilibrio: ni se estira ansiosa por alcanzar algo, ni se encoge y se esconde deprimida. Simplemente brilla con su propia luz y ve las cosas como son: tanto la naturaleza del universo como la suya propia.

12. ¿Alguien me desprecia? Eso es problema suyo. Yo solo me preocuparé de no hacer nada despreciable. ¿Alguien me odia? Ese es su asunto. Yo, por mi parte, trataré a todos con amabilidad, incluso a quien me odie. Y si puedo ayudarle a ver su error, lo haré, pero sin orgullo ni condescendencia, sino con sinceridad y calma, como hacía el filósofo Phoción[55] (si es que no lo fingía). Porque lo importante no es lo que los demás hacen, sino lo que yo hago. Y los dioses ven lo que hay dentro, no las apariencias. Así que, mientras haga lo que me corresponde como parte del todo, ¿por qué habría de molestarme por lo que hagan los demás?

13. Es curioso: la gente se desprecia entre sí, pero al mismo tiempo busca su aprobación. Compiten por demostrar quién es más importante, pero en esa lucha se rebajan y se venden unos a otros.

14. Hay algo muy falso en quien dice: "A partir de ahora seré sincero y honesto contigo". ¿Por qué anunciarlo? Si de verdad eres honesto, se notará sin que lo digas. Se te tiene que ver en la cara, en la voz, en cómo te comportas. Igual que cuando alguien está enamorado, no hace falta que lo diga para que se note. La honestidad no se puede fingir. Si es auténtica, se siente. Pero pretender ser sincero es lo más falso que hay. Y aún peor es la amistad fingida, la hipocresía. Lo único que hace falta es ser bueno de verdad, sin forzarlo. Porque la bondad genuina no se puede esconder: brilla sola.

15. La felicidad es un estado interno, algo que viene de dentro. Se trata de ser indiferente a lo que en realidad no importa. Para lograrlo, hay que ver las cosas en su conjunto y por separado. Hay que recordar que ninguna cosa en sí misma tiene poder sobre nosotros, ni para hacernos sentir mal ni para hacernos sentir bien.

Somos nosotros los que le damos ese poder con nuestras opiniones. Pero tenemos el control: podemos decidir no darles importancia, y si alguna idea negativa se nos cuela en la cabeza, podemos sacarla.

También es útil recordar que esta vigilancia sobre nosotros mismos no durará para siempre. La vida se acaba. Y si es así, ¿qué nos impide vivir bien con lo que tenemos ahora? Si algo es natural, acéptalo y disfrútalo. Y si no lo es, busca lo que sí está en armonía con tu naturaleza. Da igual lo que piensen los demás. Nadie puede culparte por buscar tu propio bienestar.

16. Antes de preocuparte demasiado por algo, párate a pensar: ¿de dónde viene?, ¿de qué está hecho?, ¿en qué se convertirá cuando cambie? Nada se destruye, solo se transforma, y ese cambio no puede hacerle daño a su verdadera esencia.

Si te frustras por la necedad o maldad de otros, pregúntate: *¿Qué tienen que ver conmigo realmente?* Todos estamos aquí para ayudarnos unos a otros, pero si me toca liderar, como el carnero en el rebaño o el toro en la manada, debo asumir mi papel sin resentimiento.

Si el universo no es solo un caos de átomos sin sentido—porque, seamos sinceros, creer eso sería absurdo—entonces debe haber una lógica que lo gobierna. Y si es así, todo lo que parece malo debe existir para beneficiar a algo mejor. Es ley natural.

Además, fíjate en cómo son esas personas en su día a día, en la mesa, en la cama... Sus ideas equivocadas los llevan a actuar con arrogancia, creyendo que tienen razón. Pero si hacen lo correcto, ¿para qué molestarse? Y si se equivocan, es por ignorancia, no por maldad. Como decía Platón, nadie se equivoca a propósito. Si lo hicieran a sabiendas, sentirían vergüenza.

Recuerda que tú también cometes errores. Quizás no en acciones, pero sí en pensamientos. Y si te frenas de hacer ciertas cosas, ¿es porque realmente eres mejor o solo porque te detiene el miedo o la necesidad de quedar bien?

Además, muchas veces ni siquiera sabes si alguien ha hecho algo malo de verdad. No lo has visto todo ni conoces sus razones.

Y lo más importante: ¿en serio vale la pena enfadarse? En poco tiempo, todos estaremos muertos. Lo que nos molesta no son las acciones de los demás, sino nuestra opinión sobre ellas. Si cambias esa opinión y decides que no te afecta, se acabó el problema.

Si crees que algo es terrible, pregúntate: *¿Realmente es malo?* Si sigues pensando que sí, acabarás haciendo cosas peores por evitarlo. Y la rabia, además, solo te traerá más problemas que la cosa que te enfadó en primer lugar.

Por último, ten esto claro: la verdadera calma y paciencia son imparables. Si alguien te trata mal y tú sigues sereno y amable, ¿cómo va a ganarte? Explícale con suavidad: *"Hermano, no hemos nacido para hacernos daño, sino para ayudarnos. Si me atacas, el que sale perdiendo eres tú"*. Pero dilo con sinceridad, sin sarcasmo, sin querer quedar por encima, sin hacerlo para que otros te admiren.

Grábate a fuego estas nueve ideas. Y empieza, de una vez por todas, a ser la mejor versión de ti mismo. Pero cuidado: tanto el enfado como la adulación son igual de dañinos. La verdadera fortaleza está en la paciencia, no en la ira. La rabia viene de la debilidad, igual que el dolor. Si te enfadas o te lamentas, es porque has sido herido y te has rendido a tus emociones.

Y si quieres un décimo consejo, aquí va: solo un necio espera que no haya gente mala en el mundo. Eso es imposible. Pero más absurdo aún es aceptar que hay gente mala y luego indignarse porque una de esas personas te ha hecho algo a ti.

17. Hay cuatro errores comunes en nuestra forma de pensar que debes vigilar y corregir:

1. **Ideas innecesarias:** Pensamientos que no sirven para nada. Déjalos ir.
2. **Falta de empatía:** Si un pensamiento te hace ser cruel o injusto con alguien, corrígelo.
3. **Ser un simple eco de otros:** No repitas ideas como un loro sin pensarlas por ti mismo.
4. **Dejar que los deseos del cuerpo dominen tu mente:** No permitas que la parte más primitiva de ti controle la parte más sabia.

Si ves que estás cayendo en alguno de estos errores, párate en seco y recuérdate que tú puedes decidir cómo piensas y actúas.

18. Todo lo que hay en ti de aire o fuego, aunque por su propia naturaleza tienda a subir, se queda aquí abajo, atrapado en tu cuerpo porque así lo ha dispuesto el universo. Y lo mismo pasa con lo que hay en ti de tierra o agua: aunque su tendencia natural sea bajar, se mantiene erguido y en equilibrio. Hasta los elementos más básicos obedecen las reglas del universo y se quedan en su sitio hasta que les llegue el momento de transformarse.

¿No es absurdo, entonces, que lo único en ti que debería ser razonable, tu mente, sea lo único que se resista a mantenerse en su lugar? Y eso que no se le está pidiendo nada en contra de su naturaleza, sino justo lo que es natural para ella.

Si el fuego se mueve hacia arriba, va hacia su sitio. Pero si tu mente se deja arrastrar por la injusticia, el descontrol, la tristeza o el miedo, entonces se está alejando de su verdadero camino.

También, si te quejas de lo que sucede en el mundo como si fuera un error, tu mente está perdiendo el rumbo. Porque su propósito natural es aceptar con humildad lo que dicta el universo, vivir en armonía con los demás y actuar con justicia. Sin estas tres cosas, la vida en sociedad sería un caos. Y, en realidad, sin ellas no se puede hacer nada verdaderamente bueno.

19. Si no tienes un propósito claro y constante en la vida, es imposible que seas siempre la misma persona. Pero no basta con tener cualquier propósito: tiene que ser el correcto.

La mayoría de la gente no tiene claro qué es lo bueno y lo malo porque sigue ideas vagas y cambiantes. Pero si decides que lo bueno debe ser siempre lo que beneficia a todos y no solo a ti, entonces tu propósito será firme.

Si cada decisión que tomas la guías por este principio, tus acciones serán coherentes y tu carácter se mantendrá estable.

20. ¿Te acuerdas de la historia del ratón del campo y el ratón de la ciudad[59]? Y de cómo uno de ellos se llevó un buen susto...

(Piensa en eso la próxima vez que envidies una vida diferente a la tuya.)

21. Sócrates solía decir que las opiniones de la gente no son más que los miedos tontos del mundo. Como los monstruos que asustan a los niños.

22. Los espartanos, cuando hacían espectáculos públicos, reservaban los mejores asientos con sombra para los visitantes. Ellos, en cambio, se sentaban donde fuera.

(Una lección de hospitalidad y humildad.)

23. Cuando le preguntaron a Sócrates por qué no iba a ver a Perdiccas[56], respondió:

—Porque la peor muerte de todas es la de quien no puede devolver un favor.

24. En los antiguos escritos místicos de los efesios[58] había un consejo:

Siempre ten presente a alguna de las grandes personas del pasado.

(Es una buena forma de recordarte cómo quieres vivir.)

25. Los pitagóricos, cada mañana, lo primero que hacían era mirar al cielo. Querían recordar que las estrellas siempre cumplen con su tarea, sin fallar ni un solo día.

También les servía para acordarse de la importancia del orden, la pureza y la simplicidad. Porque ninguna estrella se esconde detrás de nada.

26. ¿Sabes cómo se veía Sócrates cuando su esposa, Jantipa[57], le quitó la ropa y se la llevó?

Tuvo que ponerse un manto de piel para vestirse. Sus amigos, avergonzados por él, se alejaron. Pero Sócrates no se molestó.

(Una lección sobre no dejarse llevar por la opinión ajena.)

27. Para aprender a leer y escribir, necesitas que alguien te enseñe.

Para aprender a vivir, con más razón.

Nacemos siendo esclavos de nuestros impulsos y deseos, sin saber nada sobre lo que realmente importa.

28. "Mi corazón sonrió por dentro."

"Hay quienes critican hasta la virtud misma, usando las peores palabras posibles."

29. Hay gente que en invierno desea higos, aunque sabe que no es la temporada.

Lo mismo pasa con quienes desean hijos cuando todavía no les ha llegado el momento.

30. Epicteto decía que, cada vez que un padre besa a su hijo, debería recordarse a sí mismo:

—Mañana, tal vez, ya no esté aquí.

—Pero eso suena pesimista…

—Para nada. No es más triste que decir "cuando las uvas maduran, se cosechan". Todo en la vida pasa por ciclos: uvas verdes, maduras, secas, pasas. Nada desaparece, solo cambia.

31. "Nadie puede robarte tu libertad interior."

Esto también es de Epicteto.

Él decía que deberíamos entrenarnos en el arte de decidir bien qué aceptamos como verdad. También insistía en vigilar de cerca nuestros pensamientos: que sean siempre justos y bien fundamentados.

Y, sobre todo, que evitemos apegarnos con desesperación a las cosas. Lo único que realmente deberíamos rechazar con todas nuestras fuerzas son las cosas que dependen de nuestra voluntad y nos hacen daño.

No estamos discutiendo sobre tonterías, decía. La verdadera cuestión es:

¿Vamos a seguir enloqueciendo como el resto del mundo o vamos a ser sabios?

32. Sócrates hizo esta reflexión:

—¿Qué prefieres, un alma racional o irracional?

—Racional, por supuesto.

—¿Y dentro de las racionales, cuál quieres? ¿Una que esté sana o una que esté corrupta?

—Sana, sin duda.

—Entonces, ¿por qué no trabajamos para lograrlo?

—Porque ya somos racionales.

—¿Entonces por qué tanto conflicto entre nosotros?

Resumen del Libro

En este libro, Marco Aurelio reflexiona sobre el poder de la mente humana: su capacidad de autoconocerse, moldearse y encontrar paz en cualquier momento. Habla de la importancia de vivir con justicia, sin dejarse llevar por las emociones exageradas ni por el miedo a la muerte. También nos invita a ver la vida con perspectiva, sin obsesionarnos con lo que no podemos controlar. Nos recuerda que la felicidad no depende de lo externo, sino de nuestra forma de pensar. Y, como siempre, insiste en la necesidad de actuar con integridad, sin buscar la aprobación de los demás.

Lo esencial

Lo que Marco Aurelio quiere que entiendas es que la clave de todo está en cómo usas tu mente. Si logras controlar tus pensamientos, nada externo podrá perturbarte. La justicia y la razón deben guiarte siempre, y tu felicidad no debe depender de lo que sucede a tu alrededor, sino de cómo decides interpretarlo. También destaca que la vida es cíclica: todo pasa y se transforma, así que no tiene sentido aferrarse a nada con desesperación.

Aplicación práctica

- **No te dejes arrastrar por las emociones exageradas:** Cuando algo te deslumbre (una idea, una emoción, un deseo), desmóntalo en partes y verás que no es tan impresionante como parecía.

- **Acepta la muerte sin miedo:** No como algo trágico, sino como parte natural de la vida. La clave está en vivir de tal manera que, si hoy fuera tu último día, puedas decir: "No me ha faltado nada de lo que realmente importaba".
- **Haz lo correcto sin esperar recompensa:** Si actúas con justicia, tu premio es haberlo hecho. No necesitas aplausos ni reconocimiento.
- **No pierdas tiempo en discusiones inútiles:** La gente compite por la aprobación de los demás, pero al final, esas opiniones no tienen valor real. Lo que importa es que seas fiel a tus principios.
- **Entrena tu mente como un músculo:** Vigila lo que piensas, deshazte de ideas inútiles, evita ser un simple eco de otros y no te dejes dominar por impulsos o deseos pasajeros.

Libro XII

1. Si hay algo a lo que aspiras en la vida, que sepas que puedes empezar a disfrutarlo desde ya, siempre y cuando no te pongas trabas a ti mismo. ¿Cómo se hace eso? Olvidando lo que ya pasó, dejando el futuro en manos del destino y centrando tu energía en dos cosas: vivir con justicia y con aceptación.

- **Aceptación**, para recibir con tranquilidad lo que el universo ponga en tu camino, porque si está ahí, es porque de alguna forma te corresponde.
- **Justicia**, para actuar con honestidad y hacer lo correcto sin segundas intenciones.

No dejes que la opinión de los demás, sus críticas o sus malas acciones te desvíen de este camino. Ni siquiera permitas que tu propio cuerpo te distraiga con sus caprichos. Déjalo que se queje si quiere, pero sigue adelante.

Si en el momento en que te toque partir de este mundo eres capaz de soltarlo todo sin miedo, sabiendo que lo único que importa es si viviste de acuerdo con tu esencia, entonces habrás vivido de verdad. Ya no serás un extraño en el universo ni te sorprenderán las cosas como si fueran accidentes inesperados. Habrás entendido que la vida es lo que es, y que el control sobre ella es solo una ilusión.

2. Dios ve nuestra mente tal cual es, sin disfraces ni adornos. No le importan nuestros cuerpos, nuestras posesiones o nuestra imagen. Con su mirada clara y pura, atraviesa todo hasta llegar a la

parte más esencial de nosotros, esa chispa que en el fondo proviene de Él.

Si tú también aprendes a hacer eso, si dejas de obsesionarte con lo externo (tu cuerpo, tu ropa, tu casa, lo que tienes o no tienes), encontrarás una paz increíble.

Tú estás hecho de tres partes:

1. **Tu cuerpo**, que tienes que cuidar pero que no eres tú.
2. **Tu vida**, que fluye con lo que el destino trae.
3. **Tu mente**, que es la única que realmente te pertenece.

Si logras separar tu mente de todo lo que los demás hacen o dicen, de todo lo que hiciste en el pasado o lo que podría pasar en el futuro… si te desprendes de todo lo que no depende de ti y te enfocas solo en ser justo, aceptar lo que venga y decir siempre la verdad… si logras vivir solo en el presente, sin cargas innecesarias, entonces habrás alcanzado la libertad. Como una esfera perfecta, como decía Empédocles[60], sin nada que la detenga ni la desvíe.

Así vivirás sin ansiedad ni preocupaciones, alineado con tu propio espíritu y en paz con el universo.

3. Siempre me ha parecido curioso que, aunque cada persona se quiere más a sí misma que a nadie, le importe más lo que los demás piensen de ella que lo que ella misma piensa de sí.

Si un dios o un maestro sabio nos dijera que solo podemos pensar cosas que estaríamos dispuestos a decir en voz alta, ¿cuántos podríamos aguantar siquiera un día entero sin avergonzarnos?

Es absurdo: nos preocupa más la opinión de los demás que la nuestra propia.

4. A veces la gente se pregunta: "Si los dioses han organizado el mundo con tanta inteligencia, ¿cómo es que cuando alguien bueno muere no vuelve a la vida?"

Pero piénsalo bien: si eso fuera lo mejor, ¿no lo habrían hecho los dioses así? Si la naturaleza lo hubiera permitido, habría ocurrido sin problema. El hecho de que no pase significa que, por alguna razón, no es lo más justo ni lo más natural.

Además, si realmente creyeras que los dioses son injustos, ni siquiera te atreverías a cuestionarlos. El simple hecho de que estés analizando este tema con libertad demuestra que, en el fondo, confías en que el universo está bien diseñado. Y si es así, entonces hay que aceptar sus reglas, aunque no siempre las entendamos.

5. Acostúmbrate a hacer cosas que al principio te parecen imposibles.

Mira la mano izquierda: la usamos mucho menos que la derecha, pero si montas a caballo y agarras las riendas con la izquierda, con el tiempo se vuelve más fuerte que la derecha.

Lo mismo pasa con la mente: lo que hoy te cuesta, mañana será fácil si te entrenas.

6. Hazte estas preguntas a menudo:

- ¿Cómo quiero estar, en cuerpo y alma, cuando me llegue la muerte?

- ¿Cuánto dura realmente nuestra vida comparada con el tiempo infinito antes y después de nosotros?
- ¿Qué tan frágiles son las cosas materiales a las que nos aferramos?

Míralo todo sin adornos ni engaños. Desnuda la realidad.

También reflexiona sobre esto:

- ¿De dónde viene todo lo que existe?
- ¿Para qué sirve cada cosa?
- ¿Qué es realmente el dolor? ¿Y el placer?
- ¿Qué significa la muerte?
- ¿Qué valor tienen la fama y el reconocimiento?
- ¿Por qué la paz interior depende solo de uno mismo?

Nada externo puede impedirte vivir tranquilo. Todo está en la manera en que lo interpretas.

Y cuando pongas en práctica tus principios, hazlo como un luchador completo, como esos atletas del pancracio[61] que pelean con todo el cuerpo: manos, pies, estrategia. No como un gladiador que si pierde su espada, está acabado. Sé flexible, adáptate, que tu fuerza no dependa de una sola cosa.

7. Para entender bien cualquier cosa del mundo, divídela en tres partes:

1. De qué está hecha (su materia).
2. Qué forma tiene (su estructura).
3. Para qué sirve (su propósito).

Si aprendes a ver así todo, comprenderás mejor la vida.

8. Piensa qué afortunado eres: no estás obligado a hacer nada que vaya en contra de tu conciencia y puedes aceptar con calma lo que la vida te traiga. En eso está la verdadera libertad.

9. Cuando algo sucede en la vida, no tiene sentido culpar ni a los dioses ni a las personas.

Los dioses no pueden equivocarse, ni por accidente ni a propósito. Las personas, si hacen algo malo, es por ignorancia, porque creen que hacen lo correcto.

Si nadie hace el mal a conciencia, ¿a quién vas a culpar?

10. Es absurdo sorprenderse por lo que pasa en el mundo. Todo sigue su curso natural.

Asombrarse es como si un adulto viera llover y dijera: "¡No puede ser! ¿Cómo está pasando esto?".

11. Solo hay tres opciones sobre cómo funciona el universo:

1. Todo está escrito y es inevitable. Entonces, ¿para qué resistirse?
2. El destino puede cambiarse con el esfuerzo correcto. Entonces, haz méritos para que el destino juegue a tu favor.
3. Nada tiene orden y todo es caos puro. En ese caso, alégrate: en medio del caos, al menos tú tienes razón y conciencia para decidir cómo vivir.

Si algo se pierde en esta corriente incontrolable, será tu cuerpo, tus bienes o hasta tu vida. Pero tu mente, esa parte que realmente eres, no tiene por qué perderse con ello.

Piensa en una vela: su luz brilla hasta el último instante. ¿Por qué tu verdad, tu justicia y tu templanza habrían de apagarse antes de tiempo?

12. Si ves que alguien hace algo malo, en vez de indignarte, piensa:

¿Estoy seguro de que es algo malo de verdad?
Y si lo es, ¿acaso él mismo no sufre por ello?

Al final, quien actúa mal es como alguien que se araña la cara a sí mismo. Da más pena que rabia.

Pedirle a alguien con mal carácter que no actúe mal es como pedirle a un higo que no sea húmedo o a un caballo que no relinche. Es parte de su naturaleza.

Ahora, si puedes ayudar a corregirlo con inteligencia y habilidad, hazlo.

13. Si algo no es correcto, no lo hagas.

Si algo no es verdad, no lo digas.

Mantente firme en estas dos reglas sin excusas ni justificaciones.

14. Cuando algo se cruce en tu camino, desmenúzalo:

1. ¿Qué es realmente? (No qué parece ser, sino qué es en su esencia).
2. ¿De qué está hecho?
3. ¿Para qué sirve?
4. ¿Cuánto tiempo durará?

Al analizar las cosas así, evitas dejarte llevar por apariencias y emociones pasajeras.

15. Es momento de que entiendas algo clave: dentro de ti hay algo mucho más valioso que tus impulsos, tus deseos o tus miedos.

Pregúntate siempre: ¿En qué estoy pensando ahora?

- ¿Es miedo?
- ¿Es deseo?
- ¿Es preocupación sin sentido?

Antes de hacer algo, detente y pregúntate:

- ¿Por qué lo hago?
- ¿Estoy actuando por el bien común?

Recuerda: en poco tiempo, tú ya no estarás aquí. Y tampoco las cosas ni las personas que hoy te rodean. Todo cambia, todo se transforma. No te aferres a lo que no puedes retener.

16. Todo es cuestión de percepción.

Si cambias la forma en que ves las cosas, cambias la forma en que te afectan.

Imagina un barco que, después de una tormenta, entra en un puerto seguro. Dentro de tu mente puedes crear ese puerto, un lugar donde nada externo te agite.

17. Si una acción termina, no puede ser mala simplemente porque llegó a su fin.

- Si un trabajador termina su jornada, ¿ha sufrido algún daño? No, simplemente ha acabado su labor.
- Si toda tu vida es una serie de acciones y un día termina, ¿por qué ver eso como algo malo?

El final de la vida es solo otro cambio dentro del gran orden natural. Todo sigue su curso.

El universo siempre está renovándose: las cosas cambian, las generaciones pasan, y así el mundo sigue en marcha.

Si la muerte fuera algo malo, la naturaleza la habría evitado. Pero si es parte del proceso y ayuda al equilibrio del todo, entonces no puede ser dañina.

Aceptar la muerte es caminar en sintonía con el universo, fluir con la misma fuerza que mueve todo lo que existe.

18. Ten siempre presentes estas tres cosas:

Primero, en cuanto a lo que haces, pregúntate si realmente tiene sentido o si es justo. No pierdas el tiempo en tonterías ni actúes en contra de la razón.

Segundo, recuerda que todo lo que pasa a tu alrededor ocurre por dos razones: por azar o porque así lo quiso el orden del universo. En cualquier caso, culpar a alguien o quejarte no tiene sentido.

Tercero, toma distancia y mira el mundo desde arriba, como si fueras un águila volando. Verás que todo cambia constantemente, que nada dura, que todo lo que hoy parece enorme es insignificante a gran escala. Y aún así, la gente se obsesiona con cosas pequeñas y pasajeras.

19. Si dejas de lado las opiniones que te hacen daño, nada podrá afectarte. ¿Por qué sigues aferrándote a ellas?

Cuando algo te moleste, recuerda:

- Todo ocurre porque el universo lo permite.
- Si alguien se equivoca, es problema suyo, no tuyo.
- Todo lo que ves ahora ya ha pasado antes y volverá a pasar.
- Todos los humanos estamos conectados, no solo por la sangre, sino por la mente y la razón.
- Nada te pertenece realmente, ni tu cuerpo, ni tu vida, ni siquiera tus seres queridos. Todo es prestado.
- Lo único que realmente tienes es el momento presente. Morir solo significa perder un instante, nada más.

20. Piensa en todas las personas que en su momento se dejaron llevar por la ira, el orgullo, el miedo o el deseo de poder. Aquellos que alguna vez fueron admirados o temidos, que se odiaron unos a otros, que se creían invencibles. ¿Dónde están ahora? Todo se ha convertido en polvo, en historias que apenas se cuentan... o ni siquiera en eso.

Piensa en nombres como Fabius Catulinus[62] en la batalla, Lucius Lupus y Stertinius en Baiae[63], Tiberio en Capri[64]... Todos con sus ambiciones y preocupaciones, todos ahora inexistentes. Entonces, ¿por qué tomarnos tan en serio lo que nos pasa? Lo mejor es vivir con justicia y serenidad, alineados con la naturaleza, sin obsesionarnos con cosas sin importancia.

Incluso creerte mejor que los demás por no ser arrogante... es otra forma de orgullo.

21. Si alguien te pregunta: "¿Cómo sabes que existen los dioses si nunca los has visto?", puedes responderle:

Primero, porque hay señales de su existencia en todas partes.

Segundo, porque tampoco he visto mi propia alma y, sin embargo, sé que existe y la valoro.

Y tercero, porque veo cada día su influencia en el mundo, tanto en mi vida como en la de los demás. Y por eso los respeto.

22. ¿Sabes en qué consiste una vida feliz? En comprender la verdadera naturaleza de las cosas, en verlas tal como son sin engañarte a ti mismo. En actuar con justicia y decir siempre la verdad.

Si logras encadenar un acto correcto tras otro, sin interrupciones, sin perder el rumbo, vivirás una vida plena y coherente.

23. El sol es uno solo, aunque los edificios, montañas y objetos bloqueen su luz.

El universo es uno solo, aunque esté dividido en infinitas formas.

La conciencia es una sola, aunque parezca fragmentada en muchas mentes individuales.

Las cosas sin razón no tienen conexión entre sí, pero todas las mentes racionales están unidas por naturaleza. Y este vínculo no puede romperse ni separarse. Nos une algo más grande que nosotros mismos.

24. ¿Qué es lo que realmente deseas? ¿Vivir muchos años? ¿Y para qué? ¿Para seguir sintiendo placer, para perseguir lo que te apetece, para ver cómo creces y luego te marchitas? ¿O quieres vivir mucho solo para seguir hablando, pensando y razonando?

Si analizas bien cada una de estas opciones, verás que ninguna, por sí sola, vale tanto la pena. Así que quédate con la última y más importante: vivir siguiendo la razón y el orden del universo. Eso sí tiene sentido.

Lamentarse por la muerte porque te quita estas cosas es no entender ni a la naturaleza ni a la razón.

25. Si lo piensas bien, el tiempo que nos toca vivir es ridículamente corto comparado con la eternidad. Y en cuanto al universo, la cantidad de materia y energía que compone nuestro cuerpo es mínima, apenas un granito en el inmenso mar del cosmos.

¿Y el planeta en el que vivimos? Un simple punto en la inmensidad del espacio. Incluso dentro de la Tierra, ocupamos un pedazo diminuto.

Si te das cuenta de esto, dejarás de darle importancia a tonterías. Solo hay una cosa que realmente importa: hacer lo que tu naturaleza te pide y vivir en armonía con el orden del universo.

26. ¿Cómo está mi mente en este momento? Porque ahí es donde está todo lo importante.

Lo demás—lo que está fuera de mi control—es como humo, como algo que no me pertenece. Y si no me pertenece, no debería afectarme.

27. Si quieres perderle el miedo a la muerte, piensa en esto: incluso aquellos que vivían para el placer y huían del dolor, muchas veces no le tuvieron miedo. Si incluso ellos pudieron afrontarla con dignidad, ¿cómo no podrías hacerlo tú, que entiendes la razón y el orden del universo?

La muerte no es terrible para quien entiende que lo bueno es simplemente lo que ocurre en su debido momento. Tampoco es un problema para quien sabe que lo importante no es vivir muchos años, sino vivir bien. Da igual si has estado en este mundo mucho o poco, porque al final, siempre ves lo mismo: la vida repitiéndose una y otra vez.

Piénsalo así: has sido un ciudadano de esta gran ciudad llamada mundo. Has vivido en ella el tiempo que te tocaba, ni más ni menos. ¿Qué importa si fueron pocos años o muchos? ¿Acaso importa cuánto tiempo dura una obra de teatro? Solo el director sabe cuánto debe durar cada actuación.

Lo mismo pasa con la vida. La misma naturaleza que te trajo, ahora te llama de vuelta. No es un castigo, ni una injusticia. Es simplemente el final de tu papel en el escenario.

Así que cuando llegue el momento, vete en paz. Porque quien te despide lo hace con la misma armonía con la que te trajo aquí.

Resumen del Libro

Marco Aurelio nos invita a vivir sin trabas mentales, centrados en el presente, con aceptación y justicia. Nos recuerda que lo único que realmente nos pertenece es nuestra mente y que, si logramos desligarnos de lo externo, alcanzaremos la paz. También nos desafía a no vivir preocupados por la opinión ajena y a entrenarnos para superar lo que hoy nos parece difícil. Finalmente, reflexiona sobre la muerte como parte natural del universo y nos anima a ver la vida desde una perspectiva más amplia y desapegada.

Lo esencial

El mensaje clave aquí es **la libertad nace de la aceptación y la justicia**. Si dejamos de lado lo que no podemos controlar—el pasado, el futuro, las opiniones de los demás—y nos enfocamos en vivir de acuerdo con nuestros principios, encontraremos serenidad. También nos invita a entrenar nuestra mente como entrenamos el cuerpo: con práctica y disciplina, cualquier desafío puede volverse más fácil. Y sobre la muerte, nos dice que no es algo trágico, sino solo otra transición natural en el flujo del universo.

Aplicación práctica

- **Deja de cargar con el pasado o el futuro.** No te atormentes por errores ni te obsesiones con lo que vendrá. Actúa bien en el presente y suelta lo demás.
- **No te preocupes tanto por lo que piensen los demás.** Pregúntate: "¿Importará esto dentro de cinco años?". Si la respuesta es no, no le des poder.
- **Entrena tu mente como un músculo.** Si hoy algo te cuesta, sigue intentándolo. Como la mano izquierda en la metáfora de Marco Aurelio, con el tiempo se fortalecerá.

- **Acepta lo inevitable.** La muerte y el cambio son parte de la vida. En lugar de resistirte, fluye con el orden natural de las cosas.
- **Simplifica tu visión del mundo.** Descompón las cosas en su esencia, su propósito y su duración. Verás que muchas preocupaciones pierden sentido cuando las miras con esta perspectiva.

Conclusión ¿Final? No, esto es el Principio

Hace un tiempo vi a un tipo en el gimnasio que llevaba meses yendo casi a diario. Siempre con su camiseta ajustada, su shaker de proteínas y su cara de concentración.

Pero había un problema.

Nunca levantaba más peso. Nunca hacía ejercicios nuevos. Siempre la misma rutina floja, las mismas máquinas, la misma intensidad mediocre.

No era que no supiera entrenar. Se sabía toda la teoría: que si las fibras musculares, que si la sobrecarga progresiva, que si el descanso óptimo… Se lo había leído todo.

Pero no lo aplicaba.

¿Resultado? Seguía igual. Mismo cuerpo, misma fuerza, mismo todo.

Y eso es exactamente lo que puede pasarte con este libro.

Porque leer Meditaciones es un gran paso, sí. Pero si mañana sigues reaccionando igual cuando algo te sale mal, si sigues dejando que cualquier idiota te arruine el día, si sigues procrastinando lo que sabes que tienes que hacer… entonces te has convertido en ese tipo del gimnasio.

Un teórico del estoicismo.

Y Marco Aurelio no escribió esto para que colecciones citas bonitas o para que presumas que leíste filosofía. Lo escribió para aplicarlo. Para recordarse a sí mismo cómo debía vivir.

Así que pregúntate: ¿de qué te sirve haber leído esto si mañana sigues siendo el mismo?

Si no lo entrenas en tu día a día, todo lo que has aprendido aquí se desvanecerá más rápido de lo que crees.

Leer no es suficiente

Aquí va el golpe de realidad: **la lectura sin acción es puro entretenimiento.**

Seguro que alguna vez viste a alguien leyendo libros sobre emprendimiento, negocios o mentalidad… y sigue exactamente en el mismo sitio después de haber leído diez.

¿Por qué?

Porque confunden el acto de leer con el acto de cambiar.

Y no, no funciona así.

No te vas a volver más fuerte leyendo sobre ejercicio. No te vas a volver más valiente leyendo sobre coraje. No vas a tener una mentalidad a prueba de balas por leer Meditaciones.

Eso solo pasará si aplicas.

Así que, si al terminar este libro, todo sigue igual, si mañana sigues reaccionando como siempre, quejándote como siempre, distrayéndote como siempre… ¿qué sentido tuvo leerlo?

Lo que realmente importa

Vamos a lo esencial. Meditaciones te deja muchos aprendizajes, pero si hubiera que resumirlo en una sola idea, sería esta: **la calidad de tu vida depende de la calidad de tu mente.**

No de lo que te pase. No de si los demás te reconocen o te ignoran. No de cuántas cosas tengas o de si el mundo es justo o no.

Depende de cómo interpretas lo que sucede y cómo decides actuar.

Porque ahí está el truco: decidir.

Si te enfadas, lo eliges. Si te ofendes, lo permites. Si te quedas atrapado en la queja, te encadenas tú solo.

Y esto no es teoría barata de autoayuda. Es la base de la filosofía estoica y de cualquier persona que ha logrado dominar su vida en lugar de ser un esclavo de sus emociones.

Piensa en la gente que admiras, en los que han conseguido cosas grandes. No verás a ninguno reaccionando como un niño cuando algo no les sale bien. No verás a ninguno desperdiciando su tiempo en trivialidades. Todos tienen algo en común: controlan su mente y sus acciones.

Y eso es lo que Marco Aurelio quiere que hagas.

No que seas perfecto. No que te vuelvas un sabio inalcanzable. Sino que **cada día seas mejor de lo que eras ayer**.

Cómo aplicar esto en tu vida

No hay una fórmula mágica. No hay un botón que aprietes y, de repente, te conviertas en un estoico. Pero sí hay una clave: practicar en cada momento.

No necesitas esperar una gran crisis para poner a prueba lo aprendido. Cada día está lleno de oportunidades.

Alguien te corta el paso en el tráfico. Te cancelan una reunión a última hora. Tienes que hacer algo que no te apetece. Te critican sin razón.

O si nos vamos a lo peor: Un amigo te traiciona, tu pareja te deja, un familiar muere.

Ahí tienes tu gimnasio. Ahí tienes tu campo de batalla. Porque esas cosas nos pasan a todos nos guste o no.

Cada vez que la vida te ponga a prueba, en vez de reaccionar en automático, detente.

Pregúntate: ¿Cómo actuaría Marco Aurelio aquí? ¿Qué pasaría si en vez de enfadarme, lo acepto? ¿Qué pasaría si en vez de resistirme, me adapto?

Esa es la única manera de que esto funcione. No con más libros, no con más teoría, sino con acción diaria.

Por eso mismo, para cerrar ya esta conclusión, te recuerdo que al principio del libro tienes un pdf con los cinco mejores ejercicios estoicos que puedes empezar a hacer a partir de hoy.

No son imprescindibles para aplicar lo que has aprendido en este libro, ni mucho menos, pero es una manera de empezar.

Si quieres los descargas, y si no, no. Pero empieza a aplicar.

Ideas Principales de Marco Aurelio

Aquí tienes un recordatorio rápido de las ideas clave de Meditaciones. Vuelve a este sumario cada vez que necesites claridad.

Tu mente es lo único que realmente te pertenece.

No puedes controlar el tráfico, ni el clima, ni lo que otros piensan de ti. Pero sí puedes controlar cómo interpretas cada cosa que te sucede. ¿Te cierran el paso en la carretera? Puedes enfadarte y soltar una maldición o simplemente seguir conduciendo como si nada. La diferencia no está en lo que ocurre, sino en lo que decides hacer con ello. Y esa decisión es 100% tuya. Quien domina su mente, domina su vida.

El presente es lo único que tienes.

El pasado ya no existe y el futuro aún no ha llegado. Solo tienes este momento. Sin embargo, mucha gente vive atrapada en lo que fue o en lo que podría ser, perdiéndose lo único que realmente puede aprovechar: el ahora. ¿Cuántas veces te has pillado revisando el móvil sin darte cuenta de lo que sucede a tu alrededor? ¿O preocupándote por algo que, cuando por fin llega, no es ni la mitad de grave de lo que imaginaste? La clave es vivir cada instante con intención, sin distracciones inútiles ni preocupaciones absurdas.

La muerte es parte natural de la vida.

Todo lo que vive, muere. Es un hecho, no un drama. El problema no es la muerte, sino el miedo irracional que tenemos a ella. Nos pasamos la vida evitándola, como si con eso pudiéramos esquivarla. Pero lo único que logramos es olvidar lo importante: no cuánto vivimos, sino cómo. No tienes control sobre cuándo te tocará irte, pero sí sobre lo que haces mientras sigues aquí. Así que en vez de temer la muerte, asegúrate de que, cuando llegue, no tengas que arrepentirte de cómo viviste.

No dependas de la aprobación de los demás.

Si intentas gustarle a todo el mundo, acabarás traicionándote a ti mismo. La gente siempre tendrá algo que decir, hagas lo que hagas. ¿Vas al gimnasio? "Qué obsesionado." ¿No vas? "Qué dejado." ¿Trabajas mucho? "Solo te importa el dinero." ¿Trabajas poco? "No tienes ambición." Entonces, ¿por qué perder el tiempo preocupándote por lo que piensen? Vive según tus principios, haz lo que consideres correcto y deja que los demás hablen lo que quieran.

Vive con virtud.

Ser justo cuando todo va bien es fácil. Pero la verdadera prueba es cuando podrías hacer lo incorrecto y nadie se enteraría. ¿Quién eres cuando nadie mira? Esa es la pregunta clave. La justicia, la sabiduría, la templanza y el coraje no son palabras bonitas para adornar discursos. Son herramientas para que tu vida valga la pena. Si actúas con rectitud, lo demás pierde peso. No necesitas la aprobación de nadie ni que las circunstancias sean perfectas. Solo necesitas tener claro qué es lo correcto y hacerlo.

La historia se repite, nada es nuevo.

Las mismas mentiras, las mismas traiciones, los mismos errores… Todo lo que pasa hoy, pasó antes. Y volverá a pasar. La gente se cree el centro del universo, como si sus problemas fueran únicos y sin precedentes. Pero no hay nada nuevo bajo el sol. Saber esto te da ventaja: no te ahogas en lo efímero. Si algo te preocupa, pregúntate: "¿Dentro de un año me seguirá importando?" Si la respuesta es no, ¿por qué darle tanto poder ahora?

Haz lo que te toca sin excusas.

Quieres resultados, pero ¿estás dispuesto a hacer lo necesario? La gente quiere éxito sin esfuerzo, aprender sin estudiar, ser fuerte sin entrenar. Pero la vida no funciona así. Si quieres algo, haz lo que toca. Sin quejas, sin esperar recompensas inmediatas. ¿Que da pereza? Claro. Pero no hacerlo es peor. Levántate, trabaja, contribuye. No porque alguien te obligue, sino porque esa es la única forma de vivir con dignidad.

No desperdicies energía en quejas inútiles.

Si puedes arreglarlo, hazlo. Si no, acéptalo y sigue. Es así de simple. La queja constante no cambia nada, solo te vuelve más débil. Pregúntate esto: ¿lo que me molesta tiene solución? Si la tiene, actúa. Si no, suelta el peso y avanza. No pierdas la vida protestando por lo que no puedes cambiar.

Las emociones intensas nublan la razón.

La ira te hace decir cosas de las que te arrepientes. El miedo te paraliza cuando necesitas actuar. La desesperación te empuja a decisiones estúpidas. ¿Ves el patrón? Las emociones están ahí, no puedes evitarlas, pero sí puedes decidir qué hacer con ellas. No tomes decisiones en caliente. Espera. Respira. Piensa. No es cuestión de ser un robot sin emociones, sino de que ellas no decidan por ti.

Vivir bien es entrenar la mente, como entrenas el cuerpo.

Si quieres músculos, vas al gimnasio. Si quieres una mente fuerte, la entrenas todos los días. ¿Cómo? Aprendiendo a controlarte. A no reaccionar como un animal instintivo. A mantener la calma cuando todo se desmorona. A no quejarte por tonterías. No esperes estar preparado cuando llegue la tormenta si nunca has entrenado bajo la lluvia. La disciplina mental es como cualquier otro hábito: se fortalece con la práctica.

Todos formamos parte de algo más grande.

Por mucho que te creas autosuficiente, no existes en un vacío. Somos una red. La ropa que llevas, la comida que comes, la tecnología que usas… todo fue hecho por otras personas. ¿Y tú? ¿Qué aportas? No se trata de salvar el mundo ni de sacrificarse sin sentido, sino de entender que nuestra mejor contribución es hacer el bien cuando podemos. Porque lo que das, tarde o temprano, vuelve.

No te aferres a las cosas materiales.

Mira cualquier imperio del pasado. Mira cualquier fortuna perdida. Mira cualquier estrella de cine que hoy nadie recuerda. Todo se desvanece. Si apuestas tu felicidad a lo que tienes o a cómo te ven los demás, estás condenado a sufrir. No digo que renuncies a todo y te vayas a una cueva, sino que no pongas tu paz en cosas que no puedes controlar. Lo único que permanece es quién eres y cómo vives. Lo demás es humo.

Usa estas ideas como brújula y sigue adelante.

Sobre Nosotros, Lord Kaizen

Hace años compré un libro de desarrollo personal.

Lo abrí con ganas, subrayador en mano.

Y cinco páginas después lo cerré con una sensación clara: **esto es basura.**

Páginas y páginas de frases motivacionales recicladas, de ideas sin peso, de promesas vacías escritas por alguien que, probablemente, jamás había hecho nada más allá de escribir libros de autoayuda.

Ese día entendí algo: **el desarrollo personal de verdad no está en palabras bonitas.**

Está en ideas que han resistido el tiempo. No porque suenen bien, sino porque han sido **puestas en práctica, una y otra vez, con éxito.**

Las aplicaron los grandes inversores para construir imperios. Las aplicaron los estrategas para ganar guerras. Las aplicaron empresarios, líderes, deportistas… y triunfaron.

Así nació **Lord Kaizen.**

No somos una editorial que publica por publicar. Si un libro no cambia tu forma de pensar, no lo tocamos. Si no enseña algo útil, no lo imprimimos. Aquí no vendemos humo. No hacemos promesas ridículas. No creemos en frases de taza de café.

Creemos en **estrategias probadas.**

En principios que han llevado a la cima a los grandes. Ni más ni menos.

Lord Kaizen

Antes de irte lee esto…

Un tipo lee un libro, le gusta, le sirve… y sigue con su vida.

Pero luego busca otro y ve que no tiene reseñas. Duda. ¿Será bueno? ¿Merece la pena? Al final, lo deja pasar.

Y ahí es cuando se da cuenta: las reseñas no son para el autor, ni para hacer bulto. Son la señal que ayuda a otros a dar el paso.

Si este libro te ha servido, di algo. No tiene que ser un discurso, ni una redacción, ni un comentario de texto, simplemente una opinión.

Te sirve a ti, porque refuerzas lo aprendido.

Nos sirve a nosotros, porque más gente lo descubrirá.

Y a Marco Aurelio ya le da igual, pero su legado seguirá ayudando a otros.

Para dejarnos tu reseña:

- Abre la cámara de tu móvil y acércala a este QR..

Lordkaizen.com/review-meditaciones

Anotaciones

1. En la Roma imperial, los apodos dados por los emperadores no eran un simple detalle menor. Eran una forma de reconocimiento público que influía en la percepción de la gente sobre la persona en cuestión.

2. En el Imperio Romano, era común que los emperadores adoptaran a jóvenes capaces para educarlos y prepararlos como sus sucesores. No era la sangre lo que determinaba quién gobernaría, sino el mérito y la formación.

3. Roma tenía una tradición de adopción de herederos capaces, pero Marco Aurelio rompió esta costumbre, y el reinado de Cómodo marcó el inicio del declive del Imperio.

4. En las carreras de carros romanas, los equipos estaban divididos en facciones de colores. Los *Prasini* (verdes) y los *Veneti* (azules) eran las más importantes y sus seguidores eran tan fanáticos que a veces las disputas terminaban en disturbios.

5. Los *Parmularii* eran gladiadores que usaban escudos pequeños (*parma*), mientras que los *Secutores* eran combatientes pesados con cascos cerrados y escudos grandes, diseñados para pelear contra los *Retiarii*, gladiadores armados con redes y tridentes.

6. No se sabe con certeza quiénes fueron, pero probablemente fueran filósofos, amigos o maestros que influyeron en Marco Aurelio en sus primeros estudios filosóficos.

7. *Hypomnemata* significa "notas" o "apuntes". Eran recopilaciones de enseñanzas que Epicteto y otros filósofos usaban para recordar principios estoicos.

8. Teofrasto fue un filósofo griego, discípulo de Aristóteles.

9. Monimus fue un filósofo de la escuela cínica que defendía que la realidad es solo una construcción de nuestras percepciones e interpretaciones.

10. Hipócrates (c. 460-370 a.C.) fue un médico griego considerado el padre de la medicina.

11. Heráclito (c. 535-475 a.C.) fue un filósofo que enseñaba que todo en el universo está en constante cambio. Su muerte estuvo envuelta en un destino caótico: se dice que enfermó gravemente y murió cubierto de suciedad y úlceras.

12. Demócrito (c. 460-370 a.C.) fue un filósofo griego conocido por su teoría de los átomos, según la cual todo está compuesto por partículas indivisibles. Se dice que murió de vejez extrema y que sus últimos días los pasó prácticamente descomponiéndose en vida.

13. Sócrates (470-399 a.C.) fue un filósofo ateniense condenado a muerte por "corromper a la juventud" y "no creer en los dioses de la ciudad". Aceptó su destino con serenidad y bebió la cicuta sin mostrar miedo, un ejemplo de la actitud estoica ante la muerte.

14. Los estoicos comparaban la vida con un viaje en el que no controlamos el destino final, solo cómo navegamos. La imagen de desembarcar sin resistencia refleja la aceptación serena de la muerte.

15. Esta idea es clave en el estoicismo. Creer que el universo tiene un orden y que todo ocurre como debe permite aceptar el destino con serenidad.

16. Marco Furio Camilo (circa 446-365 a.C.) fue un general y dictador romano conocido por liderar la defensa de Roma contra los galos en el 390 a.C. y por su papel en la expansión del poder romano en Italia.

17. Probablemente se refiere a Ceso Quincio (Caeso Quinctius), un político y militar romano del siglo V a.C., miembro de la familia Quinctia. Fue conocido por su fuerte oposición a los plebeyos y su defensa de los intereses patricios.

18. Puede referirse a algún miembro de la gens Volesia, una antigua familia romana mencionada en la historia temprana de la República, aunque no hay registros de un personaje específico llamado Volesio que destaque ampliamente.

19. Leónidas I (circa 540-480 a.C.) fue rey de Esparta y líder de los 300 espartanos en la Batalla de las Termópilas contra los persas de Jerjes I. Su sacrificio se convirtió en símbolo de valentía y disciplina militar.

20. Publio Cornelio Escipión Africano (236-183 a.C.) fue un general y estratega romano que derrotó a Aníbal en la Batalla de Zama (202 a.C.), poniendo fin a la Segunda Guerra Púnica y consolidando a Roma como potencia dominante en el Mediterráneo.

21. Puede referirse a Catón el Viejo (234-149 a.C.), político romano famoso por su defensa de la austeridad y sus discursos en los que insistía en la destrucción de Cartago ("Carthago delenda est"), o a Catón el Joven (95-46 a.C.), defensor de la República y feroz opositor de Julio César.

22. Adriano (76-138 d.C.), emperador romano conocido por su administración eficiente, su amor por la cultura griega y la construcción del Muro de Adriano en Britania para marcar los límites del Imperio.

23. Antonino Pío (86-161 d.C.), emperador romano y predecesor de Marco Aurelio. Gobernó con prudencia y justicia, promoviendo la estabilidad del Imperio sin realizar campañas militares importantes.

24. Cadiciano es un personaje poco documentado, pero Fabio y Juliano hacen referencia probablemente a miembros de familias prominentes romanas. Lépido podría referirse a Marco Emilio Lépido, aliado de Julio César y parte del Segundo Triunvirato.

25. Crates de Tebas fue un filósofo cínico, discípulo de Diógenes, conocido por su estilo de vida austero y sus enseñanzas sobre el desapego material.

26. Xenócrates fue un filósofo platónico, discípulo de Platón y sucesor de la Academia, conocido por su rigor ético.

27. Alejandro Magno (356-323 a.C.) fue el rey de Macedonia que creó uno de los imperios más grandes de la historia.

28. Esculapio (Asclepio en griego) era el dios de la medicina en la mitología grecorromana. Era hijo de Apolo, deidad asociada al sol y a la curación, lo que explica la referencia.

29. Filósofo y matemático que desarrolló la escuela pitagórica, famosa por el teorema que lleva su nombre.

30. Matemático e inventor griego, creador de principios de la física como la flotabilidad.

31. Menipo de Gadara (siglo III a.C.) fue un filósofo cínico conocido por su estilo satírico y su burla de la vanidad humana. Influyó en la tradición de la sátira filosófica.

32. Crisipo (c. 279-206 a.C.): Filósofo estoico clave en la formulación de la lógica estoica y la teoría del destino.

33. Platón (c. 427-347 a.C.) fue un filósofo griego, discípulo de Sócrates y maestro de Aristóteles. Fundó la Academia de Atenas y su pensamiento influyó profundamente en el estoicismo.

34. Antístenes (c. 445-365 a.C.) fue un filósofo griego, discípulo de Sócrates y fundador del cinismo. Promovía una vida simple y autosuficiente, centrada en la virtud.

35. Se refiere a un pasaje de *Las Leyes* y *La República*, donde Platón aconseja mirar la vida humana con perspectiva, como si se observara desde el cosmos, para comprender su pequeñez y transitoriedad.

36. Epicuro (341-270 a.C.) fue un filósofo griego que enseñaba que el dolor puede ser soportado porque es breve o moderado. Aunque el estoicismo y el epicureísmo tenían diferencias, compartían la idea de que el sufrimiento depende de la percepción.

37. Cayo César (20 a.C.-4 d.C.): Nieto adoptivo y heredero de Augusto, quien murió antes de llegar al poder.

38. Pompeyo (106-48 a.C.): General y político romano, rival de Julio César, cuya muerte marcó el fin de la República Romana.

39. Lucila (148-182 d.C.): Hija de Marco Aurelio y esposa de Lucio Vero.

40. Lucio Vero (130-169 d.C.): Coemperador romano junto con Marco Aurelio. Murió de una enfermedad, y su esposa Lucila estuvo involucrada en conspiraciones posteriores.

41. Augusto (63 a.C.-14 d.C.): Primer emperador de Roma, quien consolidó el poder imperial tras la caída de la República.

42. Hace referencia a la familia de Cneo Pompeyo Magno, quien tuvo una importante descendencia política en Roma, pero su linaje terminó desapareciendo con el tiempo.

43. Panthea y Pergamo: Posibles referencias a amantes o servidores imperiales, aunque su identidad exacta es incierta.

44. Chabrias: General ateniense del siglo IV a.C., conocido por sus tácticas militares.

45. Diotimo: Nombre común en la antigüedad, podría referirse a un filósofo o a un general griego.

46. Hace eco del pensamiento de Epicuro, quien afirmaba que la muerte no debe preocuparnos, ya que cuando estamos vivos, no la experimentamos, y cuando llega, ya no estamos para sentirla.

47. Hesíodo: Poeta griego del siglo VIII a.C., autor de *Los trabajos y los días* y *Teogonía.* Su obra describe los mitos de la creación del mundo y la vida de los dioses, además de dar consejos sobre la vida cotidiana.

48. Posiblemente referencias a personajes de la época de Marco Aurelio, filósofos o figuras públicas de menor renombre. En este contexto, se usan para ilustrar que todas las personas, sin importar su importancia en su tiempo, acaban desapareciendo en el olvido.

49. Posibles referencias a filósofos o personajes históricos que en su momento fueron conocidos pero cuya memoria se ha desvanecido con el tiempo. Euphrates podría referirse a un filósofo estoico del siglo I d.C.

50. Alciphron fue un escritor griego del siglo II d.C. conocido por sus cartas ficticias sobre la vida de pescadores y campesinos. Tropaeophorus, cuyo nombre significa "portador de trofeos", podría ser una referencia a un gladiador o a un título honorífico en la época romana.

51. Jenofonte (Xenophon) (430-354 a.C.): historiador y discípulo de Sócrates, autor de *Anábasis*, donde relata la expedición de los Diez Mil mercenarios griegos en Persia.

52. Crito: Seguidor de Sócrates, conocido por su diálogo en la obra de Platón, donde intenta convencer a Sócrates de escapar de su condena a muerte.

53. Severo: Posible referencia a un filósofo estoico o a algún personaje histórico de la época de Marco Aurelio.

54. Los Césares: Referencia a los emperadores romanos, en particular aquellos que gobernaron antes de Marco Aurelio.

55. Phoción: General y político ateniense (402-318 a.C.), conocido por su honestidad y moderación. Fue una figura destacada en la resistencia contra la dominación macedonia, pero finalmente fue condenado a muerte por traición.

56. Perdiccas: General macedonio (c. 365-321 a.C.), sucesor de Alejandro Magno en la regencia del imperio. Su gobierno fue breve debido a la lucha por el poder entre los diádocos.

57. Jantipa: Esposa de Sócrates, descrita en algunas fuentes como de carácter fuerte y temperamental. Se dice que sus discusiones con Sócrates eran constantes, aunque no hay pruebas claras de su verdadera relación.

58. Los Efesios: Referencia a los habitantes de Éfeso, una de las ciudades más importantes de Asia Menor, famosa por su templo a Artemisa, una de las siete maravillas del mundo antiguo.

59. Fábula atribuida a Esopo que muestra la diferencia entre una vida sencilla y segura en el campo frente a una vida llena de lujos pero con peligros en la ciudad.

60. Empédocles: Filósofo griego presocrático (c. 495-435 a.C.), conocido por su teoría de los cuatro elementos (tierra, agua, aire y fuego) y por su visión del universo en constante cambio.

61. El pancracio es una antigua disciplina de combate en Grecia que combinaba boxeo y lucha libre, sin casi reglas. Requería tanto fuerza como estrategia, lo que lo convierte en una metáfora de la vida y la resiliencia.

62. Fabius Catulinus: Posible referencia a un senador o militar romano, aunque su figura histórica no está completamente documentada. Su mención podría aludir a un personaje conocido por su papel en campañas militares o en la administración de Roma.

63. Baiae era una ciudad costera en Italia, famosa por sus termas y su lujo. Lucius Lupus y Stertinius podrían haber sido figuras de la aristocracia romana conocidas por sus excesos o su implicación en la vida política y militar.

64. Tiberio (42 a.C.-37 d.C.) fue emperador romano y pasó sus últimos años en la isla de Capri, donde gobernó desde la distancia y se rodeó de un entorno de intrigas y placeres. Su retiro en la isla es símbolo de la corrupción y el aislamiento del poder.

65. Epicteto (55-135 d.C.): Filósofo estoico griego que enseñaba que la felicidad depende de aceptar lo que no controlamos y enfocarnos solo en nuestras acciones y pensamientos.

66. Séneca (4 a.C. - 65 d.C.): Filósofo estoico, escritor y político romano. Fue consejero de Nerón, aunque luego cayó en desgracia y se vio obligado a suicidarse.

67. Diógenes (c. 412 a.C. – 323 a.C.) fue un filósofo cínico de la antigua Grecia conocido por su vida austera y su desprecio por las normas sociales.

Printed in Poland
by Amazon Fulfillment
Poland Sp. z o.o., Wrocław
09 July 2025

7968e826-9592-4b9e-be6b-2504d77f262dR01